本书为国家社科基金项目"农村民间金融组织的社会学研究"（05BSH031）与中央高校基本科研业务费专项项目"湖北农村社会管理组织体系研究"（2013RW036）成果

农村社会发展丛书·钟涨宝 主编

中国农村民间金融组织研究

Research on Organization of Rural Informal Finance in China

万江红 张翠娥 陈炉丹 著

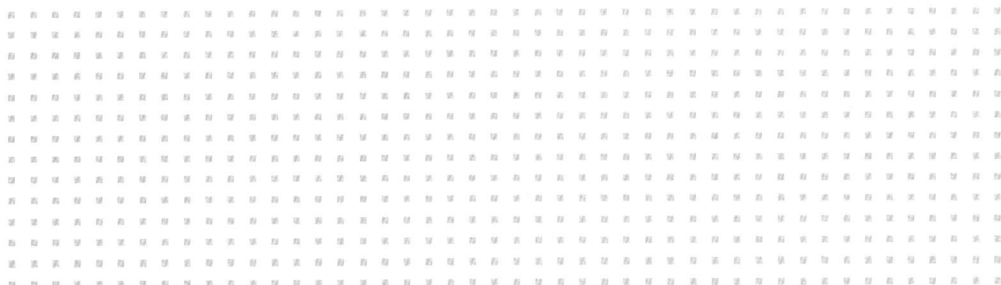

中国社会科学出版社

图书在版编目（CIP）数据

中国农村民间金融组织研究／万江红、张翠娥、陈炉丹著．—北京：
中国社会科学出版社，2013.6
ISBN 978 - 7 - 5161 - 2634 - 9

Ⅰ.①中… Ⅱ.①万…②张…③陈… Ⅲ.①农村金融—金融机构—
研究—中国 Ⅳ.①F832.35

中国版本图书馆 CIP 数据核字（2013）第 097194 号

出 版 人	赵剑英
责任编辑	田 文
特约编辑	盖 克
责任校对	王兰馨
责任印制	王 超

出 版	中国社会科学出版社
社 址	北京鼓楼西大街甲 158 号（邮编 100720）
网 址	http://www.csspw.cn
	中文域名：中国社科网　　010 - 64070619
发 行 部	010 - 84083685
门 市 部	010 - 84029450
经 销	新华书店及其他书店

印刷装订	三河市君旺印装厂
版 次	2013 年 6 月第 1 版
印 次	2013 年 6 月第 1 次印刷

开 本	710×1000 1/16
印 张	13
插 页	2
字 数	187 千字
定 价	38.00 元

《农村社会发展丛书》编委会

主　　编　钟涨宝

学术顾问　陆学艺　郑杭生

编　　委　(以姓氏拼音为序)

江立华　雷　洪　吴　毅

万江红　周长城　钟涨宝

《农村社会发展丛书》总序

自周、秦以来，中国一直是个农业国家，是个农业社会的社会结构。直到1978年，农民仍占82.1%，只能说还是个农业国家的社会结构。真正发生大变局，转变为工业国家社会结构的是改革开放30年后。改革开放30余年，我国坚持以经济建设为中心，基本实现了经济现代化。2010年，中国的GDP达到39.8万亿元（约合6.2万亿美元），按不变价格计算，比1978年的3645亿元增长20.6倍，年均递增9.9%。三大产业结构由1978年的28.2∶47.9∶23.9转变为2010年的10.1∶46.9∶43.0。在经济建设取得巨大成就的同时，中国的社会建设却"落"下了不少课。由此带来的是老百姓上学难、就医难、住房难、城乡差距加大、社会矛盾凸显。而这些问题，对于生活在中国当代社会的普通老百姓来说，体会得痛楚而深切。从世界各国发展经验看，在社会现代化进程中，从农业社会向工业社会转变，首先经历的是经济发展为主的阶段；在工业化中期向工业化后期转变中，关注的是经济社会协调发展；进入后工业社会时期，则是社会发展为主的阶段。现在，从整体看，我国经济结构已达到工业社会中期阶段水平。但社会结构和社会发展水平尚处于工业化初期阶段。

经济结构与社会结构是一个国家（或地区）最基本、最重要的两个结构，两者互为前提、相互支撑。一般说来，经济结构变动在先，推动着社会结构的变化；而社会结构调整了，也会促进经济结构的优化和持续变化，所以经济结构和社会结构必须平衡、协调，相辅相成。国内、国外的经验和教训说明，经济结构不能孤军独进，社会结构的变化可以稍后于经济结构的变动，但这种滞后有一个合理的限度，超过了这个限度，如果长期滞后，就会阻碍经济结构的持续变化，从而阻碍经济社会的协调发展。改革开放以来，随着经济体制改革和经济快速发展，社会结构已经发生了深刻变动。但是，由于没有适时进行社会体制改革，社会建设的投入也不足，使社会结构相对滞后，出现了经济和社会两大基本结构不契合、不匹配的状况。

总体来看，当前我国的经济结构与社会结构存在着严重的结构差，这是中国经济社会发展中最大的不协调，也就是我们常说的存在一条腿长、一条腿短的畸形尴尬状况，这是产生当今中国诸多经济社会矛盾和问题，而且久解不决的结构性原因。而"三农"问题为什么长期解决不好？凡是一个经济或社会问题，不是一个单位、一个地区的问题，而是比较普遍存在的问题；做了工作，一年两年解决不了，而且多年解决不了。这一类问题就是经济社会的结构问题、体制问题。靠加强领导、靠加强工作是解决不了的。必须通过改革，通过创新体制，调整结构才能得到解决。"三农"问题所以迟迟解决不了，就是这样一个普遍性的问题。"三农"问题就是一个需要从经济社会结构层面来认识，从改革体制的层面才能解决的问题。"三农"问题，说到底是个结构问题、体制问题。我们搞工业化，但没有按社会发展规律搞城市化，用种种办法把农民封闭在农村里。

现在的城乡结构、经济社会结构，既不平衡，也不合理。这种城乡结构、经济社会结构是20世纪50年代以来，我国长期实行计划经济体制条件下的户口、土地、就业、社会保障等一系列制度而形成的，总称为城乡二元结构。这种城乡二元结构，同国外讲的不完全一样。刘易斯的二元结构，主要是讲城乡二元经济结构；中国的城乡二元结构，是在上述一系列体制下逐步形成的，既是经济结构，也是社会结构，应该称作城乡二元经济社会结构。它以户口制度为基础，把公民划分为非农业人口和农业人口。国家对城市居民（非农业户口）实行一种政策，对农民（农业户口）实行另一种政策。对这种格局，有学者称为"城乡分治，一国两策"。

1978年改革开放，农村率先改革，实行包产到户和家庭联产责任制。农村改革到今年35年了，"三农"工作取得了巨大的成就，而这些成就是在农村改革还没有完全到位，还是在城乡二元经济社会结构的背景下实现的。虽然成绩很大，但问题也很多，应该有个好的总结和反思。从建设中国特色社会主义现代化事业，从国家长治久安，从中国跻身世界先进国家行列的全局看，解决"三农"问题仍是最大的难点和重点，仍然是我们各项工作的重中之重。现在的这套结构是不行的。今后要着力破除城乡二元结构，形成城乡经济社会一体化格局。统筹城乡经济社会发展是解决好"三农"问题的根本途径。

"统筹城乡经济社会发展"，最早是在十六大政治报告中提出来的。作为建设现代化农业，发展农村经济，增加农民收入的重大原则，也就是解决好"三农"问题的根本方针。2002年后每年中央全会所作的决定，都一再重申这个重大原则，2008年的十七届三中全会再次重申："必须统筹城乡经济社会发展，始终把着力构建新型工农、城乡关系作为加快推进现代化的重大战略。"10年过去了，我国的城市和乡村都有了很大的发展，经济和社会也都有了很大的进步，这是要充分肯定的。但是城市发展得快，农村发展得慢；经济这条腿长，社会这条腿短的格局，还没有从根本上扭转。一个重要的例证，就是城乡差距还在继续扩大。这表明统筹城乡经济社会这个方针还没有得到全面有效的贯彻。所谓统筹，就是要兼顾、要协调、要平衡，使城乡经济社会协调发展。在这里，统筹的主体是党中央、国务院和各级地方党委和政府，按照统筹兼顾的原则，进行宏观调控，改变过去重（城市）一头、轻（农村）一头，乃至挖一头（农村）、补一头（城市）的做法。所以，要落实贯彻统筹城乡经济社会发展这个重大战略和方针，作为统筹主体的各级党委和政府，首先要有明确的认识。其次，要贯彻落实统筹城乡经济社会发展，必须对现行的城乡体制机制进行改革。要统筹城乡经济社会发展，就一定要统筹安排进行诸如户口制度、土地制度、财政金融体制、教育医疗体制、社会保障体制等方面的改革，这些方面的每一项改革，都涉及到全局，单靠农业、农村方面的力量是改不动的，而必须由党和国家，各级党委、政府统筹安排来进行。所以，要实现城乡经济社会一体化的理想，应该把统筹城乡经济社会发展加进改革的内容，称为统筹城乡经济社会的改革和发展。最后，要实现统筹城乡经济社会发展的战略任务必须在组织上落实。政治路线决定组织路线，组织路线是为政治路线服务的。新中国成立以来，特别是改革开放以来，社会主义建设实践证明，这个理论是正确的。所以，在新时期，建一个为党中央解决好"三农"问题的工作机构，从组织上落实统筹城乡经济社会的改革和发展这个重大战略任务，就很有必要。

统筹城乡经济社会发展，进行农村的经济社会建设离不开对农村深入细致的研究。从杨开道先生（1899—1981）到李守经先生（1932—2000），再到钟涨宝教授，华中农业大学社会学系一直秉承优良传统，孜孜不倦，潜心农村社会发展研究，产生了一大批优秀研究成果。这套《农村社会发展丛书》便是钟涨宝教授及其团队近年来产生的优秀成果选编。丛书以农民、农业和农村为主线，从中国实际出发，系统研究了农村社会变迁、农村组织、农村教育和农村社会保障等值得关注的农村社会面临的重大问题。更为可贵的是，钟涨宝教授及其团队多年来扎根农村基层，了解民情民意，探索农村性质，剖析农村结构，寻找农村发展之道，不可谓不勤劳，不可谓不努力，付出总有回报，这套丛书的出版即为世人展示了该团队的执着精神及卓越水平。

丛书研究大部分来源于农村经验，但又不是单纯农村经验的展示和罗列，而是包含着研究者对农村长久和深入的思考，是一套不可多得的优秀作品，值得同行学者、新农村建设的实践者以及关注中国农村发展的朋友们品鉴。

陆学艺

2013 年 4 月 18 日

农村社会发展与社会转型研究的新探索

——序钟涨宝教授主编《农村社会发展丛书》

从 1978 年以来，中国的社会转型进入了一个新的阶段，具有了以往不曾具有的特点。其中一个最明显的特点，就是在经济体制改革的带动下，社会结构转型和经济体制转轨两者同时并进、相互交叉，形成相互推动的趋势。这里，社会结构主要是指一个社会中社会地位及其相互关系的制度化和模式化的体系。社会结构转型就是不同的地位体系从传统型向现代型的转型；经济体制转轨则指的是从高度集中的计划经济体制向市场经济体制转换。无论是社会结构转型还是经济体制转轨，都是广义的社会转型的内容。用世界的眼光看，这种转型的复杂性在其他发展中国家的现代化过程中是很少见的。更进一步说，两种转变的实质在于文明形态的变更。而这种深层次的文明转型发生在中国这个地区发展极不平衡的巨型国度里，经历了不同路径的探索和实践，也呈现出纷繁复杂的社会现象。

另一方面，在 20 世纪与 21 世纪的交替期间，旧式现代性已经进入明显的危机时期，全球社会生活景观因此呈现出重大转折的种种迹象。在世界，在中国，探索新型现代性便成为一种势在必行的潮流和趋向。所谓旧式现代性就是那种以征服自然、控制资源为中心，社会与自然不协调，个人与社会不和谐，自然和社会付出双重代价的现代性。而所谓新型现代性，就是指那种以人为本，人和自然双盛、人和社会双赢，两者关系协调和谐，并把自然代价和社会代价减少到最低限度的现代性。作为一个具有历史规律性的人类追求方向，提倡并促进新型现代性的全面实现应该是具体研究领域的一种学术自觉。因此，这种对新型现代性的追求需要更多有志之士在相应的具体层面进行系统研究。这其中，作为社会系统重要构成的农村是一个不可忽视的研究领域。在城市化基本实现的当下，在推进新农村建设的现实背景下，如何进一步推动农村转型升级，实现城乡一体化，最终建成中国特色的新型社会主义，是摆在学界面前的一个重大课题。

事实上，在中国社会学的发展史上，农村研究一直占据重要地位。早在中国社会学的传播和发展时期，社会学的前辈们就深入到农村广阔的天地之中，探索和思考中国农村社会发展和转型面临的问题。从某种意义上说，对农村的经验研究成为早期中国社会学的研究重心。

改革开放后，中国社会学在中断近30年后得以恢复，农村社会学的教学与研究也获得长足发展。其中，华中农业大学社会学系是国内较早恢复农村社会学教学与研究的系所之一。我国第一位农村社会学博士、老一辈著名社会学家杨开道先生（1899—1981）曾经是华中农学院（华中农业大学的前身）的筹委会主任，他所开创的中国农村社会学教学研究事业给该校留下了宝贵遗产和优良传统。1986年，该校开设了国内第一个农村社会学专业。华中农业大学社会学专业自建立之日起，就十分重视农村社会学教学与研究中的学风建设，不但继承和发扬了杨开道先生的"理论研究与实地调查相结合，用科学方法研究中国农村"的学术理念，而且在首任系主任李守经教授的带领下，逐步形成了严谨治学、求真务实的教学和科研风气与传帮带、团结合作的工作氛围，以及"教学、科研、社会实践"三结合培养社会学应用人才的教学理念。现今，这种优良的教风学风由钟涨宝教授带领他的团队进一步发扬光大，他们所取得的成绩有目共睹，为学界公认。

这样一种注重"理论研究与实地调查相结合"，务实开拓创新的精神理念，一定程度上与我近年来提倡的中国社会学要有一种"顶天立地"的精神相契合，也是一种"理论自觉"的自我实践。所谓"顶天"，就是社会学研究要站在国际社会学研究的前沿，把握当前学术研究的前沿问题，也就是说，中国社会学必须要有国际视野。所谓"立地"，是指社会学研究一定要立足于本土研究，扎根本土社会，这就是本土视野。"顶天立地"就是要把追求前沿与深入基层结合起来，把世界眼光与草根精神结合起来。只有把两种视野结合起来，农村研究的水平和价值才能得到提升。而所谓"理论自觉"是指对社会学理论或社会理论进行"建设性的反思"。显然，"理论研究与实地调查相结合，用科学方法研究中国农村"的学术理念其实质正是"顶天立地"和"理论自觉"。正是在这样一种务实开拓创新的精神理念下，该校的农村社会学研究一直走在学科的前沿，取得了丰硕的成果。

此次由钟涨宝教授主编的《农村社会发展丛书》无疑是农村社会学领域的又一新探索，也是对中国农村社会学的又一大贡献。该丛书立足农村社会转型和体制转轨的时代背景，综合运用社会学理论和方法，以实现农村社会和谐发展和促进农村社会建设为目标，围绕"农村社会发展行为逻辑与制度安排的互动规律"这一主线，对我国农村社会政策、农村社会组织、农村社会保障等核心问题进行系统的交叉学科研究。具体而言，这套丛书综合运用了个案研究、统计调查、历史比较研究等多种社会学研究方法，对农村经济社会变迁进行了不同侧面的研究，着重关注了当前农村发展和转型过程中的热点问题，比如农村社会保障、农民合作经济组织、民间金融组织、农村教育等事关城乡一体化的社会问题。有关这些问题的系统研究，对探索农村社会发展规律，消减农村社会发展进程中不协调的音调，从而将农村社会发展的代价减缩至最小程度，实现农村社会的良性运行和协调发展，具有重要的理论和实践价值，是对如何实现新型现代性的一种积极回应。我们有理由相信，这套丛书的出版，对于读者在理论上认识把握中国农村社会发展大有裨益，对于相关部门的政策制定亦具有重要的参考价值。

总之，这套丛书凝聚了华中农业大学社会学系多年来农村社会学研究的心血，把握了学术研究的前沿，是一套值得研读的精品。

是为序。

郑杭生

2010 年 3 月 25 日于
中国人民大学理论与方法研究中心

目　　录

序

　　"三农"问题的解决离不开有效的金融支持。改革开放以来尤其是银行商业化改革之后，农村金融供给问题日益突出，金融矛盾进一步加剧。广大农户和乡镇企业为了满足金融需求，转而求助于民间金融，这一方面为农村民间金融组织的发展提供了广阔的空间，另一方面也导致各种问题丛生。这一现象引起了学术界的重视，虽然我国民间金融及民间金融组织的研究起步较晚，但是学者们对民间金融及其组织问题的关注程度却越来越高，万江红、张翠娥、陈炉丹三位老师的这部专著便是这一领域研究的重要成果。

　　华中农业大学社会学系不仅有着关注"三农"、研究农村社会的优良传统，而且自李守经先生（1932—2000）以来，一直致力于研究农村组织，深入探索农村各类组织的发展与变迁，探讨其运行规律，提出农民合作与组织建设的政策路径。该著作很好地继承了这一传统并有发展。

　　首先，该书深化了社会学理论对农村民间金融组织的分析探索。作者将社会学的经典组织理论同当下农村实际相结合，构建基于农村社会系统的农村民间金融组织的组织合法性多重分析维度，即认知系统的表意合法性、强制系统的制度合法性和文化系统的规范合法性。中国农村尚处于传统农业社会向现代社会转型过程中，对于这个特殊背景下的民间金融组织合法性解读，必须考虑民间金融组织所处的村庄这个特殊场域。当前的村庄具有两个特殊性：其一，村庄承载和满足了村民多方面的需求，既满足了其经济需求，也承载着村民的其他需求，比如村庄是一个农民及其家族社会活动的主要区域，也是其社会声望得以确立的重要依托，在村庄这个共同体中形成的声誉、社会资本以及网络成为一个农民及其家族延续的最基本的条件；其二，村庄中的人们都在历史久远的共同交往中形成了共同的价值观念和行为准则，大家都承认这套规则，如果谁违背和践踏了这套价值体系，必将遭到共同体内所有成员的唾弃和鄙视（王曙光，2007；胡必亮，2005）。因此，结合村庄这个场域，作者将组织合法性考察的三个维度重新定义：一是认知系统的表意合法性，指民间金融组织符合某种农村社会认可的正当性而赢得了一些民众的、群体的承认乃至参与，合乎农村居民最迫切的需求，获得了普通群众的广泛认同；二是强制系统的制度合法性，指民间金融组织合乎效率，符合制度规范和法律，为一些重要的意见领袖和政府所认可；三是文化系统的规范合法性，指民间金融组织嵌入村庄共同体中，合乎当地居民在长期的共同生活中形成的共同认可的道德原则和行为准则，为习俗与传统等认可。如此一来，对农村民间金融的解读可按照农户—组织—环境的顺序，从微观到中观再到宏观的逻辑展开；实质上是按照帕森斯的行动系统的三个相互关联逐步递进的系统即社会有机体、社会系统和文化系统来解读当下农村民间金融组织的组织合法性。

其次，作者通过深入实地调查研究，引证和依据第一手资料总结分析农村民间金融组织不同地域发展模式并提出对策建议，发扬了华中农业大学老一辈著名社会学家、原华中农学院（现华中农业大学）筹委会主任杨开道（1899—1981）提出"理论研究与实地调查相结合，用科学方法研究中国农村"的优良传统。理论层面将不同经济水平地区的农村民间金融组织发展模式进行类型化，实践层面通过对农户的态度与行为、农村民间金融组织的调研，对如何看待农村民间金融组织、如何定位农村民间金融组织以及如何规范引导农村民间金融组织方面，均提出了有针对性的建议，具有很强的实践取向和现实意义。

"学海无涯，勤耕可渡"，我希望华农社会学系年轻的一代学

子，不断光大前辈的学术传统和刻苦精神，寒窗独坐，勤于积累，
出版更多更优秀的著作。

钟涨宝
2012 年 8 月于华中农业大学

第一章 导言

第一节 问题的提出

金融发展与经济增长之间的正向关系，最初在 Goldsmith（1969）的开拓性的统计分析中被揭示出来。并且，研究显示，"在有数据的几个国家中，甚至有迹象表明经济发展较快的时期一直伴随着超过平均水平的金融发展速度"（Rajan. R，L. Zingale，1999）。而一项对 80 个国家 1960—1989 年间经济与金融发展数据的统计分析发现，一个国家金融发展的初始水平值与以后的经济增长、资本积累和生产率增长之间具有很强的相关性，在金融与经济的关系中，金融发展是先于经济增长的，并对经济增长具有促进作用（King and levine，1993）。随着金融发展的深化、金融市场规模的扩大和银行数量的增加，银行业的竞争增大，每家银行都在一个分割得更小的市场上运作，由此其业务可以特别集中于最近的客户从而降低管理费用和金融中介的成本，对经济增长产生积极的影响。Goldsmith（1969）还指出，金融组织状况决定金融体制和机构中各组成部分的职能与地位以及它们的相互关联、活动规则及行为方式，是一国金融发展的关键因素。Autus 通过对 25 个 OECD 国家的分析，发现银行业的集中程度对经济增长率有消极的影响（赫米斯、伦辛克，2001），从而间接地证明了金融组织机构多元化的意义。

在现代社会，金融已经成为国家经济与社会发展稳定的一个核心要素。金融体系的发展特别是银行组织机构体系的发展，对经济增长的积极影响已经得到实践和理论的双重验证。有效率的经济组织是经济增长的关键，一个有效率的经济组织在西欧的发展正是西方兴起的原因所在（道格拉斯·诺斯、罗伯特·托马斯，1999）。但是在中国，为了服从工业化和城市化建设的发展战略，从20世纪50年代后期开始，政府采取了严格的市场准入限制政策，在农村长期进行金融管制，限制民间金融活动及民间金融组织的发展。由于银行的数目较少，发展增长缓慢，资金市场竞争有限，金融市场租金丰厚，为保护这种租金不至于消散，就需要维护一个暂时的垄断性存款市场，国有银行和准国有性质的农村信用社便是存款市场的几个少数进入者，这就使得中国的民营银行数量与规模远不及其他行业的民营企业壮大（帅勇，2001）。

已有的研究表明，中国农村金融机构对"三农"的信贷投入是"三农"投入的主渠道（何广文，2006）。但是，中国农村金融供给机制不健全，农村金融资源分配严重不公，农村正规金融供给不足，国有商业金融在农村金融领域内的功能弱化，农村政策金融功能不全，农村信用社是中西部地区农户金融服务的主力军，但农村信用社的实力有限，不能完全适应农村经济发展的需要。为此，需要构建一个有效率的农村金融组织体系，造就一种竞争性金融格局（何广文，2004；冯兴元，2006）。从金融组织体系变迁的动力即政府主导和自主创新看，农村金融组织呈现多元化特征，但仍不能满足农村需求，构建以地方化、区域化、小型化、草根性为主要特征的农村金融组织体系是解决农村金融矛盾的最佳途径（何广文，2007）。

改革开放以来，农村正规金融机构如农业银行、农村信用合作社等不仅因不良贷款率居高不下而困难重重，还自1997年后大幅收缩其在农村地区的分支机构，表现出明显的"去农化"特征，支农效果日益弱化。据中国银监会2007年发布的《中国银行业农村金融服务分布图集》，农村地区30%以上的金融机构网点集中分布在县城，每个乡镇的银行业网点平均不到3个，另外有3302个乡镇未设任何金融机构网点。《中国金融年鉴》显示，1985年以前的农户贷款绝大部分来源于农业银行与信用社，20世纪90年代初期，此数字下降为40%左右，到90年代末期，则下降至25%以下。在巨大的融资需求刺激下，农村民间带有乡土性质的借贷行为盛行，农村民间金融组织也发展迅速，但民间金融组织作为与官方金融制度相抗衡的一种金融组织，一直缺乏明确的定位和规范，始终在政府主导与市场挤压的夹缝中生存，处于半公开化和完全不公开化的尴尬状态。2006年中央一号文件明确提出要发展一些新型金融机构，为此，中国银监会出台了《关于调整放宽农村地区银行业金融机构准入政策，更好支持社会主义新农村建设的若干意见》，但从其执行效果来看，由于设定的门槛依然太高，因而大部分农村民间金融组织的生存状态依然没有发生根本改变。那么，农村民间金融组织的总体发展状况如何？不同经济发展水平下，农村民间金融组织的发展模式是否存在差异？农村民间金融组织借贷行为的选择是一种在正规金融供给无法满足其资金需求情况下的被迫选择，还是农户对农村社会资本的主动利用？农村民间金融组织与农村环境存在着怎样的互动？这些问题是本研究的旨趣所在。

第二节 研究目的与研究意义

一 研究目的

本研究在社会学理论与方法的指导下，通过对不同社会经济发展水平地区的农村民间金融组织进行实证研究，旨在达到三个目的：

第一，了解农村民间金融组织的总体发展状况，总结农村民间金融组织的主要发展模式，比较不同经济发展水平之下，农村民间金融组织模式选择的异同。

第二，解释农村民间金融组织为何能够获得长足的发展，农村民间金融组织与农村环境之间存在怎样的互动，为构建农村民间金融组织理论提供一种社会学视角的解读。

第三，通过总体状况的描述和发展原因的分析，引导人们正确认识农村民间金融组织的作用与发展现状，全面了解农村社会经济发展对资金和市场的需要，为政府和主管部门因地制宜地选择不同的发展模式以及规范和管理农村民间金融组织提供政策建议，同时也为农村民间金融组织自身的健全与规范提供参考。

二 研究意义

1. 理论意义

本研究的理论价值体现在以下几点：

第一，目前对农村民间金融组织的专题研究较少，更多的是从民间金融这个广泛的概念出发或从农村借贷出发进行研究。本研究从农户的视角和组织的视角对农村民间金融组织进行研究，能更加系统地考察农村民间金融组织。

第二，已有研究偏重对农村民间金融组织的社会显性因素的研究，更多的是从经济学的角度出发进行探讨，而本研究在注重对社会显性因素研究的同时，也突出农村民间金融组织隐性因素的探索，从社会学角度出发，研究社会因素对农村民间金融组织的影响。

第三，本研究对农村民间金融组织参与者之间的关系和农村民间金融组织与环境之间互动的研究，能有效弥补以往研究注重农村民间金融组织外在形式的缺陷。

2. 现实意义

第一，从农户个体的角度看，农村民间金融组织的借贷活动是农户之间一种资金调剂方式，一种满足农户资金需求的方式。在现阶段的我国农村，正规金融的资金供给不足是一个普遍的问题，成为制约农民生活水平提高的重要因素。农户资金融入成为满足自身资金需求、提高生活水平的有效路径。

第二，从宏观的角度看，我国社会整体发展水平的提高，需要解决"三农"问题，促进农村社区的发展，而农村经济是重中之重。农村经济需要一定的资金投入，在正规金融组织无法满足农村资金需求的现阶段，农村社区需要形成自身的融资方式，农村民间金融组织的借贷便是一种选择。

从这两个角度看，关于农村民间金融组织的研究具有广泛的应用前景。本研究通过对湖北、浙江等地的实证研究，探讨了解农村民间金融组织的发展环境、农户对农村民间金融组织的态度、农村民间金融组织发展现状、农村民间金融组织的主要模式、冲突等问题，进而提出发展和完善农村民间金融组织的对策建议。因此，本研究能为农村民间金融组织模式的合理选择和政府关于农村民间金融组织的决策提供参考。

第三节　研究现状述评

随着农村民间金融组织的发育、发展，学者和政策研究者均对其进行了大量的研究。下面就对已有研究成果进行归纳，总结研究其特点并探讨现有研究的不足。

一　不同取向的概念界定

已有的研究文献中对民间金融组织概念的界定尚不规范。首先是研究中所使用的名称不统一，常见的主要有民间金融组织、民营金融组织、非正规金融组织、非正式金融组织、非制度金融组织等等，这些概念为某些研究者所混用，另有一些学者则指出它们之间存在着一定的差异。事实上，这种认识上的不统一，主要来源于对什么是民间金融还未达成共识。从现有的研究来看，目前对民间金融组织的界定主要有两种标准。

一种观点以是否为国有性质来界定是否是民间金融组织。这种观点的代表人物有茅于轼、温铁军、李丹红等。他们认为民间金融组织就是除了所有权归国家所有的国有独资金融组织和最大股东是国家的金融组织之外的所有金融组织（茅于轼，2003；温铁军，2004；李丹红，2001等）。民间金融组织在农村地区主要有以下几种形式：农村信用社、农村合作基金会、合会（国外一般称之为轮转储蓄与信贷协会，简称 ROSCA，包括标会、轮会、摇会、抬会等）、集资、私有银行、私人钱庄以及典当行、互助会、储蓄会、各种信贷代理机构、代办组织等。也有学者认为农村民间金融组织主要包括金融互助会、农村贷款担保公司和其他金融组织（王晓文，2007）。

另一种观点则以是否带有官方（包括中央和地方政府）性质为标准来界定是否为民间金融组织。这种观点的代表人物有张松、何安耐等。他们认为民间金融组织是与官方金融组织相对而言的。官方金融组织属于正式金融体制范围之内，具体地说，是经过中国人民银行等金融监管机关批准设立的金融组织（张松，2003）。持这种观点的一些学者还严格区分了民间金融组织和民营金融组织，认为二者是两个完全不同的概念。如张松认为民营金融是指政府和国有企业之外的其他正规金融主体，是相对国有（国营）金融而言的，它与国有金融都属于正规的金融制度。民间金融与民营金融共同之处在于参与者都是私有企业和个人，不同之处在于前者属于非正规的金融制度安排，具有自发性和自主性，相关权益和责任缺乏法律保护，后者属于正规的金融制度安排，相关权益和责任受到法律保护（张松，2003）。也有学者认为民营金融组织主要是指政府部门创办的基金会、金融服务社以及股份制形式的信用社等；民间金融组织则是指以私人钱庄和各种"会"为基础的金融组织（何安耐、胡必亮，2000）。但也有学者扩大了民营金融组织的内涵，将钱庄、典当铺、抬会、呈会等民间金融组织也归为民营金融组织（史晋川、孙福国、严谷军，1998）。最近有一种观点认为农村民间金融组织是以社区的组织形式，自主开发和运用社会资本进行自愿互利的金融交易的社区行为主体（王卓，2006）。

我们可以发现，这两种不同的观点之间尽管有差异，但都认可了民间金融组织的非官方性。只是在"官方"的界定上存在分歧：前者将"官方"的内涵缩小化，仅以是否"国有"为标准，在这种标准下，以地方政府（部门）为主导创办的基金会、金融服务社等组织也随之被划入民间金融组织的范畴之中。

而民间金融组织与非正规金融组织、非正式金融组织、非制度金融组织等的区别与联系则显得比较混乱，一些研究者认为它们是等同的（张松，2003），而一些研究者则将民间金融组织作为非正规金融组织、非正式金融组织、非制度金融组织中的一部分（易秋霖、郭慧，2003），一些研究者甚至混淆民间金融组织与非法金融组织的概念。这些众多的不规范概念的存在与使用，不仅使民间金融组织的研究缺乏一个统一的概念，更使一些研究者由于不了解而对民间金融组织持完全否定态度，客观上影响了政府对民间金融组织的政策制定。

二 不同视角的研究成果

近年来，民间金融组织问题日渐引起学者们的重视，研究者们从不同研究视角对此进行了研究，并取得了较为可观的研究成果。

1. 经济学视角的研究

经济学对于农村民间金融组织的研究主要集中在民间金融组织产生的基础、利弊以及民间金融的利率等方面。

部分经济学者认为民间借贷盛行的根源在于现行金融体制的滞后，只要立足于市场化特征的金融体制变革，就能从根本上缩小地下钱庄的生存空间，克服高利贷所带来的种种弊端（万安培，1997）。与此相反，另一部分学者认为中国在家庭联产承包责任制实施以后，农村经济从本质上来说又复原成为了小农经济。分散的农户自给半自给的简单再生产具有规模小、周期长、风险大的特点，商业化的正规金融组织难以进入其中。商业化的金融不可能与小农经济相适应，它们必然要退出无利可图的农业信用领域，这为农村的高利贷占领农村的金融市场提供了前提。由于商业化正规金融组织无法与小农经济下的农业生产相结合，使得资金要素在农村成为了一种过度稀缺的资源，其稀缺性决定了其高价格，从事农村借贷的风险收益就越大。温铁军通过分析借贷资金的来源与用途后指出，民间借贷虽然有防止小农户简单再生产链条"断裂"的积极功能，但其副作用也是必然的。解决农村高利贷问题并不在于加大对其的打击力度，而是在于发育农村社区内部的合作信用，维护和壮大农村原有的社区内部互助性合作金融。在温铁军看来，解决农村的金融问题主要是依靠互助性质的民间金融组织来取代剥削性质的民间金融组织（温铁军，2004）。也有学者提出农村民间金融组织的中介作用可以在一定程度上降低交易的不确定性，减少借贷双方的风险，避免影响亲朋关系，因此农村对民间金融组织具有普遍的制度需求。而由于设立民间金融组织具有成本低、收益高、风险小等方面的特点，民间金融组织在农村又具有充分的制度供给（陈雪飞，2006）。

研究显示，以撤出农行、限制民间金融为主要内容的农村金融改革并没有促进农村金融市场的有效竞争，反而使农村信用合作社形成垄断地位并使其经营低效甚至亏损（洪正，2010）。近年来，在国家的支持下，新型农村金融组织包括村镇银行、贷款公司、农村资金互助社的发展较快。曹洪民（2007）对四川仪陇扶贫互助社的考察显示，对资金互助社的发展持乐观态度，认为其有望成为真正意义上的"穷人银行"；但更多研究显示，农村资金互助会存在没有明确的身份认证、风险控制手段少、内部组织制度不完善等潜在问题（夏英，2010 等），由于银监会对机构种类、资本限制、业务范围等做了严格的规范与要求，新型农村金融组织的发展受到限制（陆智强，2011），组织数量较少，覆盖面小，支农作用有限。

从"形式主义"经济学的视角来看，个体、组织的行为最终是为了谋取利润。因此，民间金融组织在农村金融市场上的存在，不仅取决于农民对于资金的需求，更重要的是民间金融组织能够从中获利。苏布拉塔·加塔克（Sutrata Ghatak）从供给的角度考察了影响民间金融利息率的因素。他认为，乡村金融的利息率（r）基本上是由管理费（α）、风险费（β）、放款的机会成本（γ）和垄断利润（π）四个因素来共同决定的。由于农村民间金融组织的管理费用低，且其放款的机会成本也因正式金融组织较低的储蓄率而变得很低，因此农村民间金融组织的利息率主要是取决于风险费和垄断利润两个因素。对于这种仅从供给角度的考虑，何安耐、胡必亮表示了怀疑。他们从民间金融组织发育发展的情况出发，认为民间金融利率的高低取决于民间金融的需求程度、农村金融市场的垄断程度和政府宏观经济政策三个方面（何安耐、胡必亮，2000）。任旭华也认为民间金融组织的兴起完全是现行制度安排的变更或替代，或者是由新制度的安排所创造的，是诱致性金融制度变迁的结果。这一结论揭示了民间金融组织存在的合理性。凡属诱致性制度变迁都具有一定自发性，并且因其是"寻利而生"，只要有获利机会，其存在便具有内在稳定性（任旭华，2003）。

以浙江路桥城市信用社兴起的案例分析，学者们运用帕累托最优理论分析了民间金融组织存在的合理性，用博弈论分析了民间金融组织兴起的逻辑依据，用大数定律分析了民间金融组织经营管理的合理性。民间金融组织的兴起没有使正规金融组织的利益受损，而令民营经济、民间金融组织、政府以及农户共同受益。正是在这种利益共赢的情况下，正式的金融组织与民间金融组织在相互博弈的基础上形成了一种互不干涉的有效的分工形式。民间金融组织通过利用大数定律来减少经营管理过程中的风险，使其得以生存和发展（龚健虎，2001）。

运用博弈论与信息经济学的分析方法，蒲祖河（2007）通过对温州正规金融与民间金融结构的分析，指出金融市场中的不同借贷主体具有一定的异质性，正规金融组织与民间金融组织在国家强制力、微观社会联系、区域传统文化作用及个体信息等方面各具优势。高彦彬（2011）运用SWOT模型分析法，对民间金融组织的优势、劣势、机遇与挑战进行了分析，指出其具有服务对象优势、信息成本优势和业务便捷优势，而吸收存款困难、潜在风险较大、专业人才匮乏则是其劣势，因此组织拥有金融需求增加、政府政策扶持与市场空间广阔的机会，但面对着生态环境缺损、外部竞争加剧以及利率市场化的挑战。

郭梅亮与徐璋勇（2010）通过对我国农村非正规金融组织的历史演进过程进行分析指出，农村非正规金融遵循"市场规模扩张—分工演进—交易效率提高"的逻辑不断呈现"自我革命"现象，同时经历了"民间自由借贷—银背—合会—钱庄—民营银行"的演变过程，这一变迁过程也是一个交易费用不断下降的过程。

白钦先、李钧（2010）以新制度经济学中的变迁理论为分析框架，通过对中国农村金融的供给和需求状态的分析，从金融功能论角度，提出中国农村金融制度满足需求的制度供给的"三元结构"理论，即农村金融制度应由农村商业性金融、农村政策性金融和农村合作性金融有机构成才能充分满足中国农村金融的需求，才能破解"三农"问题的困境。

总体来说，经济学多是运用高度理性化的方法来对民间金融组织进行研究。在经济学者看来，供需模式是金融市场（包括民间金融市场）运作的主导，金融市场的价格（利率）是由客观的经济条件决定的。经济学的解释和分析都是基于"经济人"假设——个体的行为是完全理性化。经济学的研究虽然有助于我们简明地发现民间金融组织的存在及其价格波动情况，但单一的经济思考并无法解释民间金融组织的深层次运作状况及其复杂的社会原因。

2. 社会学人类学视角的研究

作为民间自发形成的组织，民间金融组织的产生与发展不仅需要一定的经济金融条件，还需要与特定区域的社会文化相契合。社会学人类学关于民间金融组织的研究与经济学的关注点不同，它们的研究更多是集中在关系上的研究，即研究借贷双方的关系以及蕴含在借贷关系之下的深层次关系。

费孝通先生在分析江村经济时曾专门探讨了资金问题。他认为在"熟人的乡土社会"中，借贷只是一方信赖另一方，经过延迟一段时间而最后偿还。并通过分析互助会、高利贷、信贷合作社以及作为信贷代理人的航船等农村民间金融组织，发现农村民间金融活动都是基于"熟人社会"的了解与信任，乡土社会的秩序保证了信贷关系的合约性，而亲戚朋友之间短期的借贷是不需要支付利息的（费孝通，1998；费孝通，2001）。黄宗智在研究华北小农经济与社会变迁时所得出关于农村借贷关系的结论与费孝通所研究的江村有很大的区别。他发现在生产技术没有实质性突破的情况下，经营式农场通常只是保持一定的（也是最佳的）规模。而高利贷和商业相结合的地主制阻碍了经营式农业的发展。在华北农村的高利贷利率与阶层的关系，通常最富裕的农户借钱的利率是最低的，因为他们有办法取得这样的条件，也是最保险的借贷对象；而最穷的农户则负担最高的利率，他们是最不保险的对象。与费孝通在江村的结论不同的是，在需求多于供应的情况下，亲友的特殊恩惠在于贷款行动本身，而不在利率的任何折扣（黄宗智，2000）。笔者认为造成这种差别的主要原因是华北农村地区宗族关系的弱化。何安耐和胡必亮通过对五个村庄的调查后指出，正规金融组织与非正规金融组织所运作和依赖的信任机制是存在差异的。正规的金融组织所依赖的是人们对于制度的信任，而非正规的民间金融组织运作则是对具体企业或个人信誉的信赖。他们信贷运作的过程和评价指标以及其控制违规的制裁手段也不尽相同。从本质上说，他们基于不同的社会秩序逻辑和基础，即国家秩序或法律秩序与民间秩序或私人秩序（何安耐、胡必亮，2000）。这种差异也正是帕森斯在其行动理论中所探讨的特殊主义法则与普遍主义法则的差异。何、胡所探讨出的结论与费孝通所研究的乡土社会的逻辑在本质上是一致的。王卓（2006）对农村民间金融组织的社会特征进行分析指出，农村民间金融组织具有历史性、社会性、分散性、多样性与有效性的社会学特征。

　　除了上述的成果外，社会学家和人类学家也最早对民间金融中的"会"进行了研究。根据李金铮（2002）的研究，在民国期间的学术杂志、方志等文献里就有大量关于合会的调查或研究。邱建新（2005）运用社会学理论和"过程—事件分析"方法，在翔实的第一手资料基础上，对标会崩会的原因——信任文化的断裂进行了深刻的理论分析。项飙（2000）曾详细地描述了北京"浙江村"温州流动人口中的资金市场特别是"会"的运作情况。人类学家格利茨（Geertz，1962）认为会"是从以农耕为主的农业向贸易占据越来越重要地位的社会的发展过程中的一种中介"，他还对中国的合会与印度、日本和越南的相似性进行了比较。阿代纳（Ardener，1964）指出"会的最明显的功能是在小规模的资本形成方面的互助"以及

"在通常银行没有涉及的小额信贷方面提供信贷"。格利茨和阿代纳的研究还指出，群体惩罚是民间金融组织有效运作的关键，由血缘、地缘、民族、性别和宗教信仰等因素而形成的社会性约束是农村民间金融组织得以生存发展的基础（Geertz, 1962；Ardener, 1964）。Besley（1993）则指出，民间金融组织利用现有社会网络巧妙地解决了信息不充分和合约的履行问题，其交易可持续性的关键在于群体的"社会性担保"，其实质是社会资本担保。Impacido（1998）进一步指出，在不存在实物担保的情况下，社会资本的存在可以解决信贷配给问题，由于组织中的任何成员违约都会受到社会制裁，因此社会制裁本身也是一种担保品。人类学对于民间"会"的研究侧重于其结构的细致描述，关注"会"的社会交往、互助、文化整合等功能。而这一视角的研究对经济学关于合约研究极具启发意义。一些学者还对具体的金融互助会进行研究，认为它是依据血缘和地缘关系形成的信用组织，以调剂余缺、互助互利为目的（曹力群，2005；史晋川等，2004）。它由发起人邀请亲友若干人参加，约定时间按期举行，每次收集一定数量的会金，轮流交由一人使用借以互助，互助性的"会"规模小，形式简单，时间短，人数不多，利率较低；由存在资金短缺者发起，一般由发起者管理，根据融资金额、轮流方式、参与人数的不同可以分为不同类型的会（史晋川等，2004，李元华，2002；张军，1997）。因为参与者为亲友，因此主要面临的风险是被动违约风险，而不是信用风险。对于被动违约风险的防范和化解需要存在较为完善的农业保险制度、信贷保险制度（马九杰，2005）。

有意思的是，不少学者研究发现，东亚地区很多民间金融组织的组织者与参与者都是女性（Greertz, 1962；Ardener, 1964；Tsai, 1999）。Tsai（1999）指出，中国民间小额信贷的反复交易者90%是妇女，"会"的参与者90%是妇女，女性比男性有更高的履约率。对于女性履约更高，学者们的解释主要有：第一，相对于男性经常性的外出，更多的妇女常年生活在居住地，地理活动范围相对固定，能更好地发展其社会网络（Tsai, 2004）；第二，女性比男性更加缺乏正规金融的支持，同时为避免被集体排斥，保持良好信誉以适应小群体是她们的理性选择（Ardener，1964；Hechter，1987）；第三，女性比男性具有更强的个人间相互信任或集体意识（Tsai，1999）。

笔者认为社会学对既定民间金融组织的研究主要是在探讨组织内成员间的关系，即民间的金融关系何以成为可能，借贷双方的互动关系的"接点"是什么，驱力和张力分别是什么。但社会学现有研究的缺陷也非常明显，它更多地强调了个体行为的价值合理性，而忽视了其行为的目的合理性。

3. 政治学与法律学视角的研究

政治学对于农村民间金融组织的研究主要体现在对国家政策的研究，探讨近些年国家对于农村金融组织政策的变迁。

温铁军以农村合作基金会为例研究了农村民间金融组织的兴衰，发现农村合作基金会的兴衰与国家宏观经济政策和金融政策的变化密切相关。当人民公社解体以后，在进行集体资产清理的过程中，农村合作基金会在推动农村金融改革和发展本地经济方面发挥了重要作用（温铁军，2004）。蒋法芹（2011）指出，当前，实践中的农村民间金融组织主要以三种形式存在，一是合法的组织，即经过银监会批准并在工商部门注册的农村资金互助社、村镇银行、小额贷款公司；二是合理化发展组织，即经过政府有关部门认可，在农村从事金融服务的民间机构；三是民间自发组织，既未在银监会注册，也没有在相关政府部门登记或被认可的金融机构。同时指出，发展的政策重点，是放宽农村民间金融政策限制，使进入门槛可行化，同时在资金反哺、规则落实、管理服务上同步跟进，政府应扮演好大力扶持和适度监管的双重角色。

民间金融组织法律权益的缺失及其运作过程中程序的不合法性是法律学视角所关注的重点。学者们从法理学、法学史、法文化等不同角度切入，对民间金融组织的制度设计、运行模式等进行了分析，提出了立法建议。农业部农村改革试验区办公室"农村合作金融"课题组在全国的调查中发现，绝大多数农村合作基金组织并没在当地的工商部门进行登记、注册，也没有获得相应的营业执照，其法人地位并未得到法律的认可（有些地方在处理法律问题上把其当作自然法人）。按民法通则规定，合作基金组织已基本符合获取法人地位的条件。法人地位不确立，其经济行为就必然会受到限制，既不能照章纳税，也不能受到法律的保护（课题组，2000）。依据我国现行规范民间金融组织的法律，凡属于公法禁止、限制和监管范畴之内的民间金融组织及其活动，均不受民商事法律的保护，这导致民间金融组织普遍制度性违法。对此，有学者指出，民间金融"合法化"命题是一种价值层面对事实的误读，应该以中性的"民间金融法制化"作为路径选择，并认为我国应对民间金融采取消极自由的制度取向，对达到规制标准的法律边界内的民间金融予以规制，并确认边界外的民间金融自由地位。具体来说，只对具有全国性组织形式与规模的民间金融专门立法规制，而对其他民间金融提供其他途径的制度救济（高晋康，2008）。刘丹（2009）则通过归纳西方的经验验证了"消极自由的法制化"的正确性，支持国家应当依照不同法定标准对各类民间金融进行区别对待。

对于民间自发组织的合会，学者们认为其虽有一定的积极作用但没有被纳入法制轨道，常因运作不规范造成会员利益受损甚至引发纠纷，因此可以借鉴日本《无尽业法》和中国台湾地区"民法典"的合会合法化经验，通过限定合会的规模和活动形式等，控制预防倒会风险，甄别打击非法融资（安菁蔚，2005；邵兴忠，2008）。

目前国家在有关民间借贷方面的法律法规还很不健全。虽然民间金融组织的积极作用得到了一定的肯定，但在农村借贷行为中，由于借贷双方法律意识淡薄等原因，而且属"地下"行为的高利贷借贷手续多不齐全，致使借债缺乏必要的法律保证和保护，极易产生债务纠纷。因高利贷的纠纷往往又会连带引起其他一些违法事件的发生，现有法律对此欠缺规范，因此法学界对现有民间金融组织相关法律的评价以负面为主。在对民间金融组织发展的态度上，法学界也并不统一。有的主张在维护正规金融组织垄断格局和严格行业进入的前提下"招安"民间金融组织,对其进行规范;有的则主张通过逐步放开金融市场,有序放松行业准入,对民间金融组织进行规范。

当前政治学、法律学理论界关于民间金融组织的研究,已经取得了一些富有启发意义的成果。然而,其研究目前仍然处于起步阶段,不足之处亦非常明显。从研究目标和话语系统来看,相当一部分研究实际上是政策性研究的延续,仅仅是从政策颁布和完善层面上进行分析,而缺乏深入的理性探讨与实证研究的支撑。这可能导致其对民间金融组织赖以生存、发展的社会结构、社区特质、文化传统等关注不够,在相关政策制定与法律修改时容易偏离社会现实,增加改革风险。

三 研究评价

综观近年来不同学科对民间金融组织的研究,研究者在以下方面初步达成了共识:第一,农村民间金融组织的发展是农村发展的客观需要,它们在缓解农村借贷困境方面发挥着不可替代的功能;第二,现存的农村民间金融组织在运作和管理方面还存在很多的不足;第三,现有的社会政策不利于促进民间金融组织的发展。

研究总体上表现出以下特点:第一,研究涉及的学科众多,政治学、经济学、社会学、法学、人类学等学科都进行了研究,其中以经济学居多,政治学与法律的研究也比较丰富,而社会学的研究还明显不足;第二,研究进程加快,近年来民间金融逐渐成为关注的热点,研究成果较以前明显增多,以民间金融为关键词在中国期刊网上查找,10年来发表的论文中一半以上发表在近两年,80%以上研究成果发表在2000年以后;第三,已有研究主要为理论研究,实证研究数量较少且主要集中于对浙江尤其是温州的研究;第四,从研究内容来看,尽管不同学科研究关注的具体内容不同,采用的研究方法也各异,但都取得了一定的成果。

然而,无论从研究的深度还是广度来看,民间金融组织尚需进一步研究的地方都还很多。第一,尽管近年来学者们都从自己学科研究的需要对农村金融组织做出了界定，但目前还没有一个公认的界定标准。特别是对民间金融组织与民营金融组织的争议，严重影响了人们对民间金融组织特性的认识，制约了民间金融组织的深入研究，特别是影响了政策层面的研究。第二，现有关于民间金融组织产生与发展的研究多是分析和探讨政策、外部环境等因素的影响，而没有将民间金融组织放到农村社会的系统中去探讨。民间金融组织与农村各构成要素一起构成农村社会的结构，因此对于农村民间金融组织的研究有必要将其放到农村社会系统中去，关注民间金融组织与农村经济等因素之间的影响关系。第三，缺少对特定民间金融组织内部成员之间关系的深入探讨，缺乏对民间金融组织内部各种关系发生的差异性研究。第四，由于农村居民与企业有对资金的需求，因此农村民间金融组织有其存在的必要，但目前从村民与企业的视角对民间金融组织进行的研究还很少。

农村民间金融组织作为一种事实存在，它的发展影响着农村社会经济的发展，要制定适当的政策，正确地引导其未来的走向，尚需学术界更多的研究。

第四节　研究设计

一　理论依据

1. 组织合法性

组织与环境发生关联的一个重要方式就是合法性机制。马克斯·韦伯最早对组织合法性进行了系统论述，组织合法性指组织权威结构获得认可。他认为科层制组织的合法性来源于三种形式：传统习俗或规范、领导者的个人魅力和理性的规则、制度（weber，1968）。当然这里所说的"法"并非仅仅只指法律，包括国家制定的法律，也包括由道德、宗教、习惯和惯例构成的规范。因此，合法性的基础可以是法律秩序，也可以是一定的社会价值或共同体沿袭的先例。

另一位社会学家帕森斯在提出他的文化制度视角时，拓宽了合法性所指范畴，包括了除权力系统之外的其他属性。他认为，正如较大的社会结构下的专门化子系统，为了能够合法获得稀缺资源，所追求的目标应该与更大的社会价值保持一致。组织的价值体系"必须依据其为上级系统的目标达成所获得功能重要性而获得合法性"，即强调组织目标与社会功能一致而获得合法性（Parsons，1960）。

随着新制度主义兴起，理论家们又开始重视认知信念体系的重要性，强调从认知信念体系与文化模型或规则的一致性角度评价组织。萨奇曼（Suchman，1995）对此有一个经典的论述，"合法性是一个一般性的理解或者假定：即一个实体的行为在某一社会结构的标准体系、价值体系、信仰体系及定义体系内是合意的、正当的、恰当的。"

因此，在这里我们可以将组织合法性综合成一个多维体系，即文化系统的规范合法性、认知系统的表意合法性和强制系统的制度合法性。这是西方组织理论关于组织合法性的解释维度，背后的基本假设都是基于现代性社会或后工业社会。而中国农村还处于由传统农业社会向现代社会转型过程中，对于这个特殊背景下的民间金融组织合法性解读，还必须考虑民间金融组织所处的村庄这个特殊场域。

村庄场域的特殊性：首先，在很长的历史发展中，每个农民都是以村庄为基本单元生活其中的，村庄承载和满足了村民多方面的需求，既满足了其经济需求，也承载着村民的其他需求，比如村庄是一个农民及其家族社会活动的主要区域，也是其社会声望得以确立的重要依托，在村庄这个共同体中形成的声誉、社会资本以及网络成为一个农民及其家族延续的最基本的条件。其次，居于其中的人们都在历史久远的共同交往中形成了共同的价值观念和行为准则，大家都承认这套规则，如果谁违背和践踏了这套价值体系，必将遭到共同体内所有成员的唾弃和鄙视（王曙光，2007；胡必亮，2005）。

在村庄这个场域中，我们将组织合法性考察的三个维度重新定义。认知系统的表意合法性，指民间金融组织符合某种社会认可的正当性而赢得了一些民众的、群体的承认乃至参与，合乎农村居民最迫切的需求，获得了普通群众的广泛认同；强制系统的制度合法性，指民间金融组织合乎效率，符合制度规范和法律，为一些重要的意见领袖和政府所认可；文化系统的规范合法性，指民间金融组织嵌入村庄共同体中，合乎当地居民在长期的共同生活中形成的共同认可的道德原则和行为准则，为习俗与传统等认可。报告分别在第二、三、四部分进行系统阐述。

2. 理性选择理论

理性选择理论一般趋向于研究和分析小群体的互动，认为人们致力于使他们从社会世界得到的满足最大化，这些与社会世界有关的"利益"具有客观存在的特性。社会成员都控制着社会有价物的一定供给，这些有价物可以是物质意义上的，也可以是心理意义上的。与他人的互动被理性理论看作是一系列具有竞争性的贸易谈判或博弈，社会参与的目的就是通过这种互动过程，增加社会有价物的供给，人类行为被认为是理性的。理性选择理论站在"方法论个体主义"的立场，认为由于人类的需要和满足相对来说是不变的，所以会出现稳定的互动模式，它提供了常规性的交换，宏观结构现象总是能化约为个体之间的理性化交换。

在理性理论的视野下，民间借贷和金融互助都是农民基于一定环境中的一种理性行为，这种理性行为的目的是为了获取自身（或者）家庭利益的最大化。同时这种理性行为一方面内嵌着农村金融市场结构性特征，另一方面行动制度化为组织行动时，又重构了农村金融组织结构。

3. 农户视角

本研究基于农户视角来探讨农村民间金融组织问题。农户主要是指在农村地缘关系的基础上，家庭主要成员社会关系以及户籍在农村的社会单元。本研究认为，农户是农村民间金融组织研究的逻辑起点，就农村民间金融组织的实质来看，农户作为重要的参与主体，其在农村民间金融组织的行为逻辑是研究农村民间金融组织的关键。简言之，农户对民间金融组织的态度及其参与民间金融组织的意愿与行为是本研究进行农村民间金融组织问题研究的微观基础。

对农户的性质，学界有"理性小农"与"道义小农"、"分化小农"等多种观点，但对于处于社会转型期的中国农户，农户究竟是什么类型？其行为逻辑是什么？不同地区农户的性质是否是不同的？农户的行为选择对农村民间金融组织的发展有什么影响？这是本研究在微观层面的研究时重点探讨的问题。

二　基本概念

1. 民间金融

民间金融，又称非正规金融，是与官方金融的相对而言的，指在我国银行保险系统、证券市场、农村信用社以外的经济主体所从事的融资活动。

2. 民间借贷

民间借贷有广义与狭义之分，广义的民间借贷是各种民间金融的总称；狭义的民间借贷指民间个人之间的借贷活动，主要包括个人之间借贷活动和个人向民间金融组织等的借贷活动。

3. 民间金融组织

鉴于农村民间金融组织长期以来处于半公开化的状态，发展形式多样，而且学界对其界定还未形成共识，因此本研究采取比较宽泛的界定，以学术界共同认定的"非政府性"来进行划定，主要强调这类金融组织的"民间性"，将其界定为相对于官方金融组织而言的农村金融组织。如此一来，各种金融互助会、私人钱庄、典当行、集资、农村互助担保组织、农村资金互助社等都可以划入农村民间金融组织范畴。

三　研究思路

不同的社会经济发展水平，民间金融组织的结构与功能不同。从经济学角度看，农村民间金融组织的存在是农户和民间金融组织对经济效益最大化追求的结果；从社会学角度看，民间金融组织的发展不仅受经济规律影响，还受心理、文化、制度等多种因素的制约，民间金融组织的兴起与发展获得了农村社会的表意合法性、制度合法性和文化合法性。

本研究拟运用社会学的理论与方法，从农村民间金融组织发展的微观环境——农户需求与选择着手，实证调研不同社会经济发展水平下民间金融组织发展现状，运用组织合法性理论解读农村民间金融组织如何获得表意合法性、制度合法性和文化合法性，在此基础上，明确政府应在哪些方面制定民间金融组织的政策与措施，规范农村民间金融组织的发展，从而使民间金融组织发展既符合经济规律要求，又能促进农村社会经济发展。具体研究思路如图1—1所示。

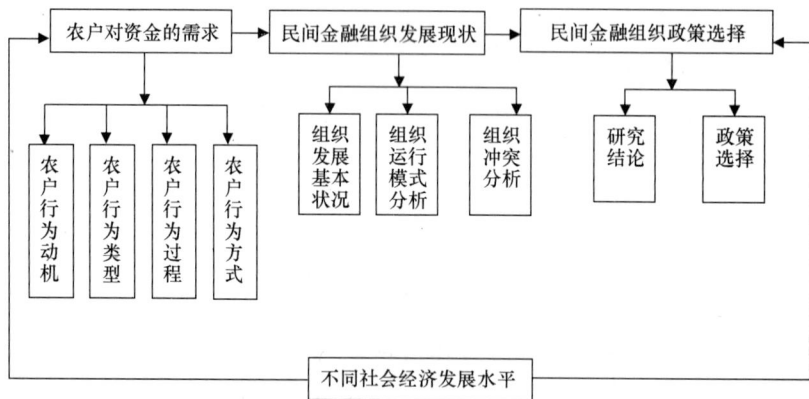

图1—1　研究思路框架

四　研究方法

一般来说，社会研究发现的途径有两个。一个是"经验途径的发现"，即通过经验研究而得到新的发现，或是提出新的证据以修正、补充、扩充或反驳原有的理论。另一个是"整理途径的发现"，通过对已有知识、文献和材料的整理而得到某种发现（王宁，2001）。本研究就是将这两种方法结合起来，既通过实地调查获取经验资料来证明和补充已有的关于农村民间金融组织的理论，同时也采纳"整理途径的发现"，在对原有的散见在以往研究中的有关农村民间金融的知识和材料进行某种归纳整理和综合分析，以求能梳理出更清晰的研究脉络和内在规律。

1. 资料收集方法

文献分析法：一是查阅国内外关于农村金融、金融理论、组织理论、组织社会学等相关文献，掌握国内外有关中国民间金融组织研究的理论动态；二是查阅地方金融政策、工作简报、地方县志及其相关统计报表、学术著作、期刊文献，收集有关农村金融组织宏观环境和发展现状的资料。

问卷法：旨在收集农户对农村民间金融的认知、态度和行为等方面的资料，因此，根据研究设计采用自制的自填式问卷进行入户调查。调查对象的选取按照判断抽样，根据经济水平的差异，在湖北省和浙江省各选3个村，其中，在湖北省选取了武汉市周边农村与城中村、鄂州、孝感、十堰作为本次调查地点，进行入户调查，共回收有效问卷253份；在浙江省主要选取了杭州郊区、温州、金华的部分农村作为调查地点，共回收有效问卷146份。两地共399个农户的资料构成本次调查的样本。

访谈法：旨在收集典型农村金融组织发展现状、运行模式、存在问题等方面的资料，了解农村民间金融组织如何与农村环境互动，了解当地的制度、行为文化、观念文化和潜规则。由于金融互助会是民间发起的具有金融互助性质的农村民间金融组织，是提高农民组织化程度的一种重要的组织形式，而且在浙江发展历史悠久，因此，本次访谈主要选取了调查所在地的38个金融互助会进行访谈。

2. 资料分析方法

定量分析：运用 SPSS 软件，对问卷资料进行描述性统计，归纳农户对农村民间借贷组织认知、态度和行为的一般特征，探讨影响农户态度的影响因素，分析方法主要包括频次分析、相关分析等。

定性分析：主要包括情境分析和理想类型分析。情境分析是指将资料放置于研究现象所处的自然情境中，按照故事发生的时序对有关事件和任务进行描述性的分析（陈向明，2000）。理想类型是一种思维构造，是研究者组织材料思考问题、进行分析的一种策略过程。它展示的不是事物本身如何，而是可能如何，让事物与理想型对比，再来认识事物（韦伯，1998）。在具体操作过程中，注重两者的结合运用。

需要说明的是：文中的被访者都是调查村中的村民，为了不对其产生负面的影响，研究对所有的被访者都进行了匿名化处理，或使用化名，或使用编号。

五　研究创新

1. 视角创新

目前关于民间金融组织的研究成果主要是由经济学者所做，他们对这一问题的研究多从供需的角度展开。本研究从农户在民间金融组织发展过程中对资金的需求以及现阶段农户对官方金融组织的态度与反应的角度，探讨不同社会经济发展水平地区民间金融组织发展问题，研究视角有创新。

2. 内容创新

主要表现在理论界从微观发展环境对民间金融组织进行专题研究的，目前还不多见。本研究通过不同地区民间金融组织发展过程中农户的行为与组织发展之间关系的分析，探讨农村民间金融组织发展模式，研究内容有创新。

3. 观点创新

以往研究大多认为农村民间金融组织的存在是一种在正规金融供给无法满足其资金需求的情况下的被迫选择。本课题通过深入调查和研究发现，农村民间金融组织不仅仅是正规金融供给无法满足农户需求情况下的被动选择，它也常常表现为农户对农村社会资本的主动利用，它的发展嵌入了农村，获得了组织合法性。因此，研究认为，农村民间金融组织是农村金融体系中重要的一环，它将长期存在并与官方金融组织互为补充。

第二章 基于农户层面的农村民间金融组织

农村民间金融组织的主要服务对象是农户和部分农村企业，农户的态度和行为是其表意合法性的关键。认知系统的表意合法性是指民间金融组织符合某种社会认可的正当性而赢得了一些民众的、群体的承认乃至参与，合乎农村居民最迫切的需求。从农户视角分析农村民间金融组织，也是因为我国农村经济社会的基本决策单位是家庭，重要的决策尤其是融资借债通常是家庭决策而非农民个体决策。因此，农户视角的农村民间金融组织值得深入探究。

本章主要从农户对农村民间金融组织的态度与农村民间金融组织借贷活动中的农户行为出发，考察农村民间金融组织发展现状，阐述农户对其认可接纳状况，评析其表意合法性程度，进而探讨作为所属阶层和相关利益代表的农户对民间金融组织去向的定位问题。

农户层面的农村民间金融组织研究都是基于在湖北省和浙江省两地问卷调查数据进行的定量分析。本次调查共回收有效问卷399份，其中浙江146份、湖北253份。男性人数多于女性人数，前者有240人，占调查总体的61.4%；后者有152人，占调查总体的38.6%。文化程度在初中水平的农民在本次调查对象（380人）中最多，占到总体的37.4%；其次是高中（包括职高、技校等同等学历）学历的农民，占到总体的31.1%；再次是小学及以下学历的农民，占到总体的22.1%；最后是大专及以上学历的农民，占到总体的 9.5%。青壮年在本次调查对象（385 人）中人数较多，年龄在 16～45 岁之间的农民占到总体的 62%；其次是年龄在 46～65 岁之间的农民，占到总体的 34.5%；最后是年龄在 66 岁以上的老年群体，仅占总体的 3.4%。家庭年收入在 1 万元～5 万元的农户在农村比较普遍，在所调查的 365 个农户中，年收入在此一阶段的占到总体的 42.0%；其次是年收入在 5000 元～1 万元的农户，占到总体的 28.7%。此外，年收入超过 5 万元的农户和低于 5000 元的农户较少，前者仅占总体的 12.8%，后者也只占总体的 16.4%。（如表 2—1 所示）总体而言，样本的分布基本符合农村整体现实状况。

表 2—1　　　　　　样本构成情况（n = 399）

	类　别	频次（人）	有效百分比（%）
调查区域	浙江	146	36.6
	湖北	253	63.4
性别	男	242	61.4
	女	152	38.6
文化程度	小学及以下	84	22.1
	初中	142	37.4
	高中（包括职高、技校等）	118	31.1
	大专及以上	36	9.5
年龄	16～25 岁	37	9.6
	26～35 岁	96	24.9
	36～45 岁	106	27.5
	46～55 岁	99	25.7
	56～65 岁	34	8.8
	66 岁及以上	13	3.4

续表

类　别		频次（人）	有效百分比（%）
年收入	1000 元及以下	15	3.9
	1000 元以上至 5 千元	48	12.5
	5000 元以上至 1 万元	110	28.7
	1 万元以上至 5 万元	161	42.0
	5 万元以上至 10 万元	35	9.1
	10 万元以上至 50 万元	13	3.4
	50 万元以上	1	0.3

第一节　农户认知与态度

一　农户对农村民间金融组织的认知

根据我们对两地农村民间金融组织的考察，两地农村民间金融组织的发展存在着明显的差异。浙江的民间金融组织形式众多，影响较大，农户的参与比较普遍；而湖北省的民间金融组织形式比较单一，影响较小，除部分区域外，农户的参与也比较少。这种差异主要是由两地民间金融组织发展的不同微观环境所引起的。为此，我们从农户对当地农村民间金融组织的合法律性、普遍性、公开性、组织性质、组织功能的评价以及是否愿意加入民间金融组织等方面对农村民间金融组织发展的微观环境进行了考察。

1. 合法律性

农户对民间金融组织的合法性态度比较模糊，无论是浙江的农户还是湖北的农户，对农村民间金融组织是否合法问题，半数以上的农户都表示说不清。尽管两地的农户都呈现出模糊性，但浙江与湖北的农户对民间金融组织是否合法的认识上依然存在显著差异，浙江的农户更倾向于认为民间金融组织是合法的。由表 2—2 可见，浙江农户认为民间金融组织合法的比例是湖北的近两倍，而其认为民间金融组织不合法的比例却只有湖北的一半左右。在访谈中，湖北的农户虽然表示说不清民间金融组织是否合法，但他们会提及 20 世纪 90 年代那些曾被国家取缔的各种"会"是不合法的，而浙江的农户尽管也难以判断民间金融组织是否合法，却常常指出当地的农村民间金融组织主要是农户自觉自愿地组成的，是农户自己的事情，与合法不合法无关。

表 2—2　　　农户对农村民间金融组织是否合法的评价

	浙江（N = 153）		湖北（N = 306）	
	频次（人）	比例（%）	频次（人）	比例（%）
合法	29	19.0	32	10.5
说不清	94	61.4	156	51.0
不合法	30	19.6	118	38.6

Pearson Chi-Square = 18.954　df = 2　　P = 0.000

2. 普遍性

从调查结果看，浙江与湖北的农户对当地民间金融组织普遍性的判断上存在明显差异（如表 2—3 所示）。浙江有 34% 的农户认为当地农村民间金融组织非常普遍或者比较普遍，而湖北农民认为当地农村民间金融组织非常普遍或者比较普遍的农户只占 21.4%。相应的，浙江农民认为当地农村没有民间金融组织的农户仅有 24.4%，

表 2—3　　　农户对当地农村民间金融组织是否普遍的评价

	浙江（N = 156）		湖北（N = 309）	
	频次（人）	比例（%）	频次（人）	比例（%）
非常普遍	14	9.0	11	3.6
比较普遍	39	25.0	55	17.8
个别现象	65	41.7	81	26.2
没有	38	24.4	162	52.4

Pearson Chi-Square = 35.184　df = 3　P = 0.00

而湖北农民认为当地农村没有民间金融组织的比例高达52.4%，这虽然只是农户的认知，但它也从一个侧面证实了浙江农村中民间金融组织的存在更为普遍。

3. 公开性

由于国家对民间金融组织尚未放开，从考察情况来看，两地农村的民间金融组织基本上都处于半公开与不公开状态，相对而言，浙江的农村民间金融组织更为公开。但从农户对当地农村民间金融组织是否公开的认识上看，两地农户均有超过七成的农户认为当地农村的民间金融组织属于半公开或非公开，两地农户对民间金融组织公开性的认知不存在显著差异（如表2—4所示）。

表2—4　　　农户对当地农村民间金融组织是否公开的评价

	浙江（N=113）		湖北（N=134）	
	频次（人）	比例（%）	频次（人）	比例（%）
完全公开	26	23.0	28	20.9
半公开	58	51.3	74	55.2
非公开	29	25.7	32	23.9

Pearson Chi-Square=0.378　　df=2　　　P=0.828

说明：本题只对认为当地存在民间金融组织的农户提出，故个案数较少。

4. 组织性质

对于农村民间金融组织是以自助性为主还是以营利性为主的问题上，浙江59.6%的农户认为这种组织是以自助性为主，而湖北持此看法的农户仅为30.7%（如表2—5所示）。不过，据我们的实地调查结果，这并不意味着湖北的多数农村民间金融组织是以营利性为主的。之所以出现这样的结果，一方面是因为湖北省农村的民间金融组织虽然不多，但少数高利贷性质的民间金融组织影响很大很恶劣，另一方面是因为湖北省的农户对民间金融组织参与较少，对民间金融组织的认识很少。相反，浙江农户由于对农村民间金融组织参与程度较高，所以他们对当地农村民间金融组织性质的认识可信度相对来说更高一些。

表 2—5　　　　　农户对当地农村民间金融组织性质的认识

	浙江（N = 99）		湖北（N = 114）	
	频次（人）	比例（%）	频次（人）	比例（%）
以自助性为主	59	59.6	35	30.7
以营利性为主	40	40.4	79	69.3

Pearson Chi-Square = 17.942　　df = 1　　exact P = 0.00

说明：本题只对认为当地存在民间金融组织的农户提出，故个案数较少。

5. 组织功能

在对农村民间金融组织功能的评价上，两地农户也表现出了明显差异。由表 2—6 可见，浙江的农户对民间金融组织的评价表现出更多的肯定。浙江认为农村民间金融组织对农村社会经济发展有促进甚至是极大的促进作用的农户比例高达 66.9%，在国家限制其发展的情况下，这一比例应该说是相当高的，相对而言，湖北持肯定态度的农户要低得多，不足半数。而认为农村金融组织对农村社会发展具有阻碍作用的农户，湖北的则明显比浙江要多。

表 2—6　　　　　农户对农村民间金融组织功能的评价

	浙江（N = 139）		湖北（N = 253）	
	频次	比例（%）	频次	比例（%）
频次	比例	频次	比例	
极大地促进了农村社会经济发展	12	8.6	12	4.7
对农村社会经济发展有促进	81	58.3	111	43.9
对农村社会经济发展没有什么促进	30	21.6	82	32.4
对农村社会经济发展有阻碍作用	16	11.5	48	19.0

Pearson Chi-Square = 12.756　　df = 3　　P = 0.005

6. 农户参与意愿

调查发现，无论是浙江还是湖北，对于当前没有参加民间金融组织的农户，如果经济条件允许，相当部分愿意参与民间金融组织。这意味着民间金融组织在农村的发展潜力是比较大的。浙江的农户愿意参与民间金融组织的比例明显高于湖北农户，约三分之一的浙江农户表示在经济条件允许时，愿意加入民间金融组织，是湖北愿意加入民间金融组织农户比例的两倍。

表 2—7　　　　如果经济条件允许，是否愿意加入民间金融组织

	浙江（N = 147）		湖北（N = 292）	
	频次（人）	比例（%）	频次（人）	比例（%）
愿意	47	32.0	46	15.8
不愿意	100	68.0	246	84.2
Pearson Chi-Square = 15.405　　　df = 1　　　exact P = 0.000				

说明：本题只对目前未参加民间金融组织的农户提出。

从以上分析可以总结不同经济条件下，农户对农村民间金融组织或准组织在认知上具有三个特点：第一，普遍性上农户一致认为农村民间金融组织存在较为普遍，但调查过程中发现形式上存在差异，经济发达的浙江地区发展模式存在民间借贷的准组织和资金互助会等组织并存局面，组织化程度相对更高，而经济相对落后的湖北地区以民间借贷为主要形式；第二，合法律性上坚持功能认定，经济相对发达的浙江地区比经济相对落后的湖北地区的农户更倾向于认为农民民间金融组织有助于经济发展，其出现是理所当然，合法与否并不重要；第三，组织性质判定莫衷一是，由于民间金融组织长期以来是国家严格管制的对象，一直处于半公开和未公开状态，农户参与不足，加上利率市场的高利贷现象的影响，农户对其性质的判断存在争议，参与相对充分的浙江地区的农户更倾向于认为农村民间金融组织的互助性，参与相对较少的湖北地区的农户更倾向于认为农村民间金融组织的营利性；第四，参与意愿上普遍表

示认同，农户在经济条件允许的情况下参与意愿较强，民间金融组织发展潜力较大。

二 农户对农村民间金融组织中借贷行为的态度

通过调查湖北、浙江两地区农户对存贷对象的选择及其原因，发现农户的借贷对象主要来自民间。围绕民间借贷对象，重点考察了农户选择农村民间金融组织的原因以及农户对其存贷利息、贷款金额、还款期限等金融服务的态度。

1. 农户对把钱存往何处和向谁借贷的选择态度及其原因

（1）大部分农户把钱存在银行、农村信用社以及中国邮政等机构，在当前农村，正规金融组织仍然是农户储蓄的首要选择。

通过调查，我们发现如果有一笔钱要储蓄，分别有 80.1%、23.3%、4.7% 的农户选择把钱储蓄在银行、农村信用社以及邮政储蓄等正规金融机构，仅有 3.6% 和 1.6% 的农户会选择农民自发组织的会以及农村基金会等民间金融组织，另外也有相当比例的农户（7.3%）会把钱放在自己家里或其他地方。

由此可见，农民自发组织的会、农村基金会这些民间金融组织在农村的融资能力仍然非常薄弱，农户更愿意把钱存在正规金融组织。之所以如此，从表2—8可见，主要是由于大多数农户认为正规金融组织"安全放心，有保障"、"网点多，存取方便"，此外有

表2—8　　　　　　把钱存在银行或农村信用社的原因

	频次（人）	选择次数占总人数的百分比（%）
安全放心，有保障	321	89.4
网点多，存取方便	216	60.2
不欠人情	29	8.1
工作人员的业务素质高，服务态度好	43	12.0
其他	11	3.1
总计	620	172.7

8.1%以及12.0%的农户认为选择正规金融组织可以"不欠人情"以及其"工作人员的业务素质高，服务态度好"。而上述这些正是当前农村民间金融组织所欠缺的。

（2）当农户需要借贷时，其主要借钱对象并不是其主要存钱对象——正规金融组织，而主要是通过民间渠道（如亲戚、朋友）筹借。

在调查中，为了深入了解农户对借钱对象的选择，我们依据借钱时间的紧急情况和借钱金额的大小，将借钱分为紧急需要一大笔钱、一般情况下一大笔钱、紧急需要一小笔钱、一般情况下一小笔钱四种情况，让农户分别选择不同情况下的借钱对象。

表2—9　　　　　　　　　农户在不同情况下的借钱对象

	借钱对象							
	银行（%）	政府（%）	农村信用社（%）	农村基金会（%）	农民自发组织的会等（%）	亲戚（%）	邻居或朋友（%）	其他组织或个人（%）
紧急需要一大笔钱	34.8 (131)	1.9 (7)	11.7 (44)	0.8 (3)	1.3 (5)	56.1 (211)	23.1 (87)	1.6 (6)
一般情况下一大笔钱	25.8 (93)	0.8 (3)	11.9 (43)	0.3 (1)	0.8 (3)	56.8 (205)	30.7 (111)	2.2 (8)
紧急需要一小笔钱	3.5 (16)	0.3 (1)	2.5 (9)	0.6 (2)	0.3 (1)	62.6 (221)	59.5 (210)	1.1 (4)
一般情况下一小笔钱	3.7 (13)	0 (.0)	1.7 (6)	0.6 (2)	0.6 (2)	55.4 (194)	66.3 (232)	4.0 (14)

说明：表中百分比是选择相应借钱对象的次数占总调查农户的百分比，（）内数字为选择次数。

从表2—9中我们可以看出，当在紧急情况下需要一大笔钱时，分别有56.1%、34.8%、23.1%的农户会向"亲戚"、"银行"以及"邻居或朋友"借钱；当在一般情况下需要一大笔钱时，分别有56.8%、30.7%、25.8%的农户会向"亲戚"、"邻居或朋友"以及"银行"借钱；当在紧急情况下需要一小笔钱时，分别有62.6%、59.5%的农户会向"亲戚"以及"邻居或朋友"借钱，"银行"在此时仍然是农户的第三选择，但比例大幅度下降，农户中仅有3.5%的人愿意向"银行"借钱；当在一般情况下需要一小笔钱时，分别有66.3%、55.4%、3.7%的农户会向"邻居或朋友"、"亲戚"以及"银行"借钱（银行仍然是农户的第三选择）。

由此可见，在需要大笔钱时，特别是在紧急情况下，有相当比例的农户会向"银行"借钱，但不管在哪种情况下，农户在借钱时，考虑最多的仍然是"亲戚"以及"邻居或朋友"，所以无论何种情况，亲戚、邻居或朋友是借钱的第一选择。

出现这种现象在相当程度上是由当前中国的金融环境造成的。自20世纪90年代末以来，国有银行及其营业网点大量从农村退出，极少或者不发放涉农贷款，把经营重点转向城市，以获取更大利益。因而，对于中国大多数地区的农民而言，他们的融资渠道仅有农村信用合作社这一条。而作为"农村金融主力军"的农村信用社并没有向农户提供大量资金（这从表2—9中可以看出端倪）。从所调查的325个农户中，我们发现其中有84.9%的人认为向银行或农村信用社贷款是有难度的，可见这些正规金融组织对于农户的金融支持非常有限，对此农户认为主要是因为自己本身"缺熟人关系"、"缺乏抵押品"、"找不到担保人"以及银行的"手续多且繁杂"，此外分别有16.8%、9.2%的农户认为自己的"贷款额度小"以及"贷款期太短"以致银行不愿意向其提供贷款（如表2—10所示）。

在这种形势下，农户在需要借钱时自然会把目光投向民间。从表2—9的数据我们已经看出，民间借贷在农户之间已经普遍存在，并发挥着主要作用。但这种借贷形式只是一种初级状态，即借贷活动通常以亲戚、朋友等亲缘、地缘关系为依托，它是民间借贷产生的主要内因。当前农村虽然已经存在"农民自发组织的会"等民间金融组织，但农户在实际生产、生活中并没有过多地借助它们。

表 2—10　　　　　向银行或农村信用社贷款主要存在的难度

	频次（人）	选择次数占总人数的百分比（%）
缺熟人关系，贷不了钱	152	55.7
手续多且繁杂	146	53.5
缺乏抵押品	138	50.5
找不到担保人	141	51.6
贷款额度小，银行不愿受理	46	16.8
贷款期太短，银行不愿受理	25	9.2
其他	10	3.7
总计	658	241.0

2. 农户对民间金融组织的态度

从上文中，我们发现正规金融组织虽然是当前农户的主要储蓄对象，但农户向其借贷时却困难重重，其结果是导致民间金融活动在农村大量存在，以满足广大农村地区不同农户的融资需求。随着农村经济的发展，农村地区的民间借贷形式也逐渐从农户间的活动发展成民间金融组织（如农村自发组织的会）与农户间的活动。根据这种趋势，我们着重从农户的角度对农村民间金融组织在农村的运行状况进行了调查。

（1）农户把钱存在民间金融组织的原因。调查发现，把钱存在农村基金会以及农民自发组织的会这类民间金融组织的农户非常少，两者仅占到总调查对象的 5.2%。但这一现象对于我们研究民间金融组织具有较大的启示意义。通过调查选择向这类组织存钱的农户，我们发现其对农村私人借贷组织最多的评价是"利息高"；其次是"组织里都有熟悉的人，放心"；再次是因为"离家近，存取方便"。可见农村私人借贷组织与当地农户有着密切的地缘、血缘、亲缘等人际关系，且能够为农户提供高利息以及便利的借贷条件，进而满足农户的趋利以及方便的心理。此外，农村民间金融组织内出现的这些特征："组织者家里条件好，有背景，不用担心受骗"、"服务态度好"、"迫于面子，不得不存"也影响了农户的存款选择（如表2—11所示）。

表2—11 　　　　　把钱存在农村私人借贷组织内的原因

	频次（人）	选择次数占总人数的百分比（%）
离家近，存取方便	10	33.3
利息高	13	43.3
组织里都是熟悉的人，放心	12	40.0
组织者家里条件好，有背景，不用担心受骗	5	16.7
服务态度好	3	10.0
迫于面子不好意思不存	2	6.7
其他	2	6.7
总计	47	156.7

　　由此可见，农户选择在民间金融组织存款是一种理性选择，而不仅仅考虑到人际关系的影响，高收益、风险的可控性和便利性是做出选择的主要原因。

　　（2）农户向民间金融组织借贷的原因。表2—12显示，民间金融组织对于农户而言，其"有熟人，贷款方便"、"手续简单"、"随用随贷，方便"、"无须担保人或抵押品"是吸引农户的最主要的四个原因，而这些均是正规金融组织所不能给予农户的。这是因为农民的很多贷款都具有数额小、风险大、临时性等特征，若靠正规金融组织来满足这种临时性的贷款的话，其烦琐的手续和较长的时间等待就已将机会错过。而民间金融组织方便快捷的特征正好满足了农民贷款的这一特征要求。

表 2—12　　　　　农户愿意向民间金融组织借贷的原因

	频次（人）	百分比（％）
有熟人，贷款方便	59	55.1
离家近，方便	29	27.1
手续简单	55	51.4
无须担保人或抵押品	44	41.1
额度小，无须去银行	17	15.9
服务态度好	5	4.7
利息低	9	8.4
期限短或无期限限制	23	21.5
随用随贷，方便	47	43.9
其他	6	5.6

（3）农户对于民间金融组织存贷款利息的态度。第一，大多数农户认为民间金融组织存贷款应该有利息。调查显示，有83.2％的农户认为贷款应该有利息，87.2％的农户认为存款应有利息。这种结果从农户的利益考虑是比较自然的，即有更多的人希望民间金融组织应有存款利息。但是贷款利息也是应该收取的，这是金融组织正常运行以及发展的一个重要方面，作为消费者的农户显然也认识到这一点。

第二，超过半数的农户认为当前农村民间金融组织的贷款利息处在高水平之下，虽然"完全能承受"这种利息的农户较少，但并没有超过大多数农户的承受能力。

在所调查的311个农户里，发现其中认为民间金融组织的贷款利息"很高"以及"比较高"的农户分别占到总体的19.3％和

41.2%；认为民间金融组织的贷款利息"正常"的农户也占有相当大的比例（占到总体的32.8%）；而认为贷款利益"比较低"和"很低"的农户仅占到总体的3.5%和3.2%。由此可见，民间金融组织的贷款利息对于农户而言虽然比较高，但并没有超过农户的承受能力。

调查显示，虽然有相当比例的农户（23.9%的农户）对民间金融组织贷款利息"完全承受不了"，但有更多的农户（超过70%的农户）认为其"勉强能承受"或"能承受"，但仅有5.4%的农户认为自己"完全能承受"贷款利息。

第三，大多数农户所能承受的最大利息利率是月息在20%之下，过高的月息对于农户而言可能超过其承受能力。

数据显示，62.9%的农户所能承受的最大利息利率是月息在10%以下，14.8%的农户是在10%～20%之间，11.9%的农户是在20%～30%之间，10.4%的农户是在30%以上（如表2—13所示）。可见农户所能承受的利息利率只能在20%及以下。

表2—13　　　农户所能承受的最大利息利率（按月息算）

	频次（人）	有效百分比（%）
5%以及以下	42	20.8
5%～10%	85	42.1
10%～15%	16	7.9
15%～20%	14	6.9
20%～25%	5	2.5
25%～30%	19	9.4
30%以上	21	10.4
总计	399	100.0

说明：表中区间包含右断点，不包含左断点。

（4）农户对贷款金额、还款期限的态度。第一，对于贷款金额，大部分人认为金融组织提供给农户的最小金额应体现灵活性，不应设置较高的贷款金额。

调查显示，有过半的人认为金融组织提供给农户的最小金额应该在2000元以下，其中有18.2%的农户认为应该设定在500～2000元之间，超过10%的农户比较中意500元以下的小额贷款。可见，金融组织在农村所设定的最小贷款不仅不应过高，还要具有一定的灵活性，以满足不同农户的需要。

第二，对于贷款还款期限，农户比较青睐还款期限短的贷款。

调查显示，对于贷款还款期限，有17.5%的农户认为还款期限最短应在3～6个月，有45.7%的农户认为其应在6～12个月，只有28.7%的农户认为应在1年以上，可见农户希望贷款的还款期限不应过长。

3. 农户对借出与贷入的态度

农户对于借贷款的态度直接影响着民间金融组织在农村的发展前景，所以本次研究在问卷中对农户的借贷观念进行了调查。

（1）对于借钱给别人，农户对其的评价最多的主要有两点："是帮助别人，是善举"以及"是件平常的事情"，而认为"是很傻的事"、"可以获利，很划算"、"是自己有能力的表现"这类评价的人很少（如表2—14所示）。

（2）对于"借债"的评价，则有60.5%的农户认为这"是件很平常的事情"，有11.5%的农户认为"借钱为我所用很划算"，有5.8%的农户认为"能够借到钱是有能力的表现"，只有14.9%的农户认为"很没面子"。

总之，对于借钱给别人，大部分农户是可以接受的，认为是一种互助行为，但却缺少经营意识，较少的人认为其"可以获利，很划算"。单纯就"借债"而言，有过半的人认为是件平常的事情，但也有一定比例的人认为是"很没面子的事"。从上可以看出：一方面现代农民的观念正在逐渐改变之中，与传统的自给自足的观念相比已经有了较大的改变；另一方面，传统的保守意识以及乡土观

表 2—14 对借钱给别人的人的评价

	频次（人）	有效百分比（%）
是很傻的事	6	1.6
可以获利，很划算	25	6.5
是帮助别人，是善举	190	49.6
是自己有能力的体现	22	5.7
是件很平常的事情	121	31.6
其他	19	5.0
总计	383	100.0

念也在农村具有一定的市场，这种状况对于私人借贷的组织化进程往往起到阻碍作用，使得民间借贷在农村常常在个人或农户之间进行，其组织形式也基本上是草根性的，难以规范。

三　影响因素分析

1. 影响农户选择民间金融组织作为存借对象的主要因素

（1）对于存钱对象，农户的年龄、文化程度、所在地区以及收入水平等因素对其有一定的影响。通过查看表 2—15 我们可以得出如下结论：

经济发达地区的农户、收入水平较高以及处在青壮年的农户更愿意向农村民间金融组织存钱。调查发现，浙江地区的农户与湖北农户相比有更多的人愿意将钱存在农村基金会或者农民自发组织的"会"等农村民间金融组织。同时，年收入高的农户与年收入低的农户相比，有更多的人选择向民间借贷组织存钱。

青年人比老年人更愿意向农村民间金融组织存钱。调查显示，青壮年（26～45 岁）与老年人（56 岁以上）相比有更多的人愿意将钱存在农村民间金融组织中。

随着农户自身文化程度的提高，其向农村民间金融组织存钱的人也越多。可见，农村民间金融组织随着经济的发展、农民文化素质的提高而逐渐发展起来，是可能的。

表 2—15 不同农户的存钱对象 单位:%

		银行	农村信用社	邮政储蓄	农村基金会	农民自发组织的会	放自己家或其他	总计
地域	湖北	84.0	14.8	4.5	0.8	0.4	14.9	(243)
	浙江	73.4	37.8	4.9	2.8	9.1	11.2	(143)
年龄	16～25 岁	83.3	27.8	0.0	5.6	0.0	0.0	(36)
	26～35 岁	85.1	20.2	3.2	1.1	3.2	6.4	(94)
	36～45 岁	79.6	22.3	6.8	1.9	6.8	8.7	(103)
	46～55 岁	79.4	27.8	5.2	1.0	3.1	6.2	(97)
	56～65 岁	68.8	21.9	3.1	0.0	3.1	15.6	(32)
	65 岁以上	70.0	20.0	10.0	0.0	0.0	10.0	(10)
文化程度	小学及以下	68.8	30.0	8.8	1.3	2.5	11.3	(80)
	初中	83.0	20.0	5.9	2.5	3.0	8.1	(135)
	高中	82.9	23.9	2.6	3.0	3.4	3.4	(117)
	大专及以上	88.6	22.9	0.0	3.4	8.6	2.9	(35)

（2）对于借贷对象，我们发现:

首先，湖北地区的农户向银行或农村信用社借贷与浙江地区的农户相比更有难度（如表 2—16 所示），与此相应的是前者较后者更愿意考虑向民间金融组织借贷，但农户所在地域与有无考虑民间金融组织借钱并没有相关关系（Sig = 0.529 > 0.05）。

表 2—16　　　湖北、浙江地域农户向银行或农村信用社借钱的难度

单位:%

	湖北	浙江
有难度	89.7	77.9
没有难度	10.3	22.1
（N）	（174）	（102）

$X^2 = 8.554$　　df = 1　　Sig = 0.003 < 0.05

其次，农户的性别、年龄、文化程度等个体因素对于农户选择什么类型的借贷对象没有产生影响，这一结论从调查数据中与此有关的 X^2 检验（不具备统计显著性）中可以证明（如表 2—17 所示）。

表 2—17　　　不同农户与下列变量（关于借贷对象）的相关分析检验结果

		向银行或农村信用 社借贷的难度	是否考虑向民间 金融组织借贷
性别	Sig	0.649	0.402
年龄	Sig	0.645	0.115
文化程度	Sig	0.310	0.943

其三，随着农户年收入的增加，农户中向银行或农村信用社借贷的难度也越来越小，如年收入在 50 万元以上的农户在借贷上根本没有难度，而年收入在 1000 元以下的农户认为借贷有困难的高达 91.7% 。虽然收入高者更容易借贷，但向民间金融组织借贷的农户并没有因其年收入的增加而相应增加，年收入与民间借贷的频率没有相关关系。

2. 影响农户对民间金融组织态度的因素

（1）不同地区农户对民间金融组织存贷款利息特别是贷款利息的态度。第一，对于民间金融组织的存贷款是否应当有利息这个问题，调查发现这基本上是一个约定俗成的问题，大部分人都认为应当有利息。从表2—18中我们可见在这一共识下仍存在着一些差异，只是这种显著性差别相对而言较少，主要与当地的经济状况相关。如经济相对发达的浙江地区农户（91.2%的农户）与湖北地区的农户（78.5%）相比有更多的人认为民间金融组织的贷款应当有利息；随着家庭年收入的增加，其对于存款利息有要求的人也相应的有所增加。

表2—18　　　不同农户与下列变量（关于民间金融组织）的相关分析检验结果

		贷款是否应有利息	存款是否应有利息	对贷款利息高低的评价	对贷款利息的承受程度	农户的最小贷款金额	农户贷款的最短还款期限
地区	Sig	0.002**	0.417	0.000**	0.000**	0.314	0.010**
性别	Sig	0.386	0.671	0.150	0.497	0.304	0.018*
年龄	Sig	0.018*	0.279	0.317	0.094	0.185	0.150
文化程度	Sig	0.345	0.290	0.041*	0.008**	0.152	0.137
年收入	Sig	0.061	0.026*	0.477	0.001**	0.178	0.260

注：*表示在0.05显著性水平上具有差异，**表示在0.01显著性水平上具有差异。

第二，对于民间金融组织贷款利息的高低情况，存在明显的地区差异。浙江农户中认为其贷款利息"很高"、"正常"、"很低"的农户分别占所作出回答的118个农户的28.5%、23.3%、1.0%，呈递减趋势。而湖北农户中（193户）只有4.2%的认为贷款利息"很高"，有48.3%的农户认为"正常"，有6.8%的农户认为"很低"。可见，浙江地区民间金融组织的利息更具有商业特色，利息较高，相应的当地的农户也有此感觉。

此外，农户个人的文化程度也影响了其对于民间金融组织贷款利息的判断，如文化程度在小学以及以下、初中、高中、大专及以上的农户认为贷款利息"很高"的分别占总体的28.0%、42.3%、

41.2%、52.9%。

第三，农户对于民间金融组织贷款利息的承受情况与其经济状况密切相关。经济相对发达的浙江地区农户中有过半的人认为能承受，而湖北地区的近80%的农户认为不能承受当地民间金融组织的贷款利息。以家庭为单位，对贷款利息的承受能力随着年收入的提高也随之加强。在农村，年收入过10万元的农户中没有人认为"完全承受不了"贷款利息，但年收入在1万元以下的农户，有30.8%的人认为"完全承受不了"贷款利息，另有34.8%的人也只是"勉强能够承受"（如表2—19与表2—20所示）。

表2—19　　　　浙江、湖北农户对当地民间金融组织贷款
　　　　　利息的承受情况　　　　　　　　　单位:%

	浙江	湖北
完全承受不了	4.5	35.7
勉强能承受	34.8	43.8
能承受	50.9	17.8
完全能承受	9.8	2.7
（N）	（112）	（185）

$X^2 = 61.533$　　df = 3　　Sig = 0.000 < 0.05

表2—20　　　　年收入不同的农户对当地民间金融组织贷款
　　　　　利息的承受情况　　　　　　　　　单位:%

	1万元及以下	1万元~5万元	5万元~10万元	10万元以上
完全承受不了	30.8	23.4	7.1	0.0
勉强能承受	46.7	38.3	17.9	27.3
能承受	20.8	32.0	60.7	63.6
完全能承受	1.7	6.3	14.3	9.1
（N）	（120）	（128）	（28）	（11）

$X^2 = 37.137$　　df = 9　　Sig = 0.000 < 0.05

（2）不同农户对于民间金融组织贷款金额以及贷款期限的态度。第一，对于农户的最小贷款金额，我们从表2—18的检验结果可以看到，调查农户的性别、年龄、文化程度、年收入以及其所在地区这些因素对最小贷款金额并没有产生显著影响，相互间不存在显著的相关关系。

第二，对于农户贷款的最短还款期限，浙江、湖北地区的农户都希望期限能够在6个月以上，但对于3个月至1年的还款期限，浙江地区中有相对多的农户希望如此，可见浙江地区的农户比较青睐中短期还款期限。此外，农户中的女性与男性相比有更多的人期望农户的贷款还款期限最好在6个月以内，可见女性比较保守，希望能够尽快还款，减少利息负担。而农户的年龄、文化程度、年收入等的不同并没有显著影响到农户贷款的最短还款期限的影响。

（3）不同农户对于借钱的态度，如表2—21所示。

表2—21　　　　不同农户与借钱有关变量的相关分析检验结果

		如何看待"借钱给别人"	如何看待"借债"	"借钱给别人"是否应该收利息
地区	Sig	0.411	0.005＊＊	0.000＊＊
性别	Sig	0.418	0.007＊＊	0.085
年龄	Sig	0.111	0.000＊＊	0.075
文化程度	Sig	0.015＊	0.003＊＊	0.000＊＊
年收入	Sig	0.000＊＊	0.098	0.000＊＊

注：＊表示在0.05显著性水平上具有差异，＊＊表示在0.01显著性水平上具有差异。

从表2—21的检验结果中，我们可以发现：

第一，对于如何看待借钱给别人的态度，它与农户所在的地区、农户的年龄以及性别无关，与农户的文化程度以及年收入相关。

调查显示，文化程度在小学及以下、初中、高中、大专及以上的农户分别有 25.9% 、27.0% 、36.6% 、48.6% 的人认为借钱给别人"是件很平常的事情",可见随着农户文化程度的提高,对于借钱给别人这种事情接受程度也随之提高。

此外,随着农户年收入的增加,即伴随着其经济能力的增强,有更多的农户认为借钱给别人"是帮助别人,是善举"。在收入达10 万元以上的农户中,近四成(38.5%)的人认为这是"可以获利,很划算"的事情,而其他收入阶层有此认为的不到其总体的10% 。可见,收入的提高为贷方的形成提供了一定的经济基础(如表 2—22 所示)。

表 2—22　　　　　　年收入不同的农户对借钱给别人的看法　　　　　单位:%

	1 万元及以下	1 万元~5 万元	5 万元~10 万元	10 万元以上
是很傻的事	1.8	0.6	2.9	7.7
可以获利,很划算	4.1	7.7	0	38.5
是帮助别人,是善举	54.4	49.7	32.4	30.8
是自己有能力的体现	4.7	5.2	14.7	0
是件很平常的事情	29.0	34.2	41.2	15.4
其他	5.9	2.6	8.8	7.7
(N)	(169)	(155)	(34)	(13)

$X^2 = 44.683$　　df = 15　　Sig = 0.000 < 0.05

第二,对于如何看待"借债"的态度,它与农户所在的地区、农户的性别、年龄、文化程度显著相关,但与农户的年收入无关。

虽然浙江、湖北两地都有过半的农户认为"是件平常的事情",但湖北地区的农户略显保守,该地与浙江地区的农户相比有更多的人认为是"很没面子"的事情,而后者有更多的人认为"借钱为我所用,很划算"。

就性别的差异来看,男性比女性更讲究面子,注重"自尊",但对于"借债"这种事情却呈现出两极的表现。一方面与女子相比有更多的男性认为"借债"是一件"很没面子"的事情;另一方面也有更多的男性认为"能够借到钱是有能力的表现"，而女子中持此想法的仅占其总体的 1.4%。在访谈中发现，借钱究竟是没有面子的事情还是有能力的表现，与家庭的经济状况及借钱的缘由有关。如果借钱是因为家庭经济困难，多被认为是没有面子的事情，而如果借钱是为了投资，为了发展，则多被认为是有能力的表现。

年龄在 55 岁以下的农户中有大部分人认为借债"是件很平常的事情"，但岁数在 55~66 岁之间的农户持此看法的仅占总体的 29.0%，岁数在 65 岁以上的农户持此看法的仅占总体的 18.2%。可见年老的农民对于"借债"比较不赞同，有更多的人认为它是"很没面子"的事情，思想较保守。

虽然文化程度的提高没有给我们带来某种趋势，但从表 2—23 的数据中我们可以看到文化程度在小学及以下的农户与比其文化程度高的农户相比更显保守，其中仅有 3.8% 的农户认为"借钱为我所用，很划算"，此外认为"能够借到钱是有能力表现"的农户也占 3.8%。

表 2—23　　　　　　　　　　不同农户对借债的看法　　　　　　单位：%

		很没面子	借钱为我所用很划算	是件很平常的事情	能够借到钱是有能力的表现	其他
地区	浙江	12.4	15.3	65.7	5.1	1.5
	湖北	16.3	9.4	57.6	6.1	10.6
性别	男	15.9	10.3	60.5	8.6	4.7
	女	13.7	13.7	60.3	1.4	11.0
年龄	16~25 岁	17.1	8.6	65.7	5.7	2.9
	26~35 岁	17.2	15.1	60.2	4.3	3.2
	36~45 岁	11.7	10.7	62.1	10.7	4.9
	46~55 岁	12.4	9.3	72.2	1.0	5.2
	56~65 岁	25.8	9.7	29.0	9.7	25.8
	65 以上	18.2	9.1	18.2	9.1	45.5

续表

		很没 面子	借钱为我 所用很划算	是件很平 常的事情	能够借到 钱是有能 力的表现	其他
文 化 程 度	小学及以下	13.8	3.8	61.3	3.8	17.5
	初中	13.1	15.3	60.6	6.6	4.4
	高中	19.3	13.2	57.0	7.9	2.6
	大专及以上	11.8	5.9	73.5	2.9	5.9

第三，对于"借钱给别人是否应当收取利息"的态度，与农户的性别、年龄无关，与农户的文化程度、年收入以及所在地区有关（如表2—24所示）。

表2—24　　　　　不同农户对"借钱给别人是否应当
收取利息"的态度　　　　单位:%

		收取一定的利 息是正当的	乡里乡亲的， 不应该收取利息	收与不收要 看具体情况
地 区	浙江	16.7	20.3	63.0
	湖北	9.7	57.0	33.3
文 化 程 度	小学及以下	7.5	58.8	33.8
	初中	8.2	45.5	46.3
	高中	19.1	38.2	42.7
	大专及以上	17.1	17.1	65.7
年 收 入	1万元及以下	7.8	62.0	30.1
	1万元~5万元	12.7	33.3	54.0
	5万元~10万元	18.2	12.1	69.7
	10万元以上	30.8	23.1	46.2

表2—24显示：浙江地区的农户与湖北地区的农户相比更具有经营意识，即把"借钱"当作一种营利活动来进行，他们中有更多的人认为"收取一定的利息是正当的"，或者是"收与不收要看具

体情况"，仅有 20.3% 的农户认为"乡里乡亲的，不应该收取利息"，而湖北农户中持"乡里乡亲的，不应该收取利息"这种想法的人占到总体的 57.0% 。

随着农户文化程度以及年收入水平的提高，其收取利息的意识也相应的有所提高。如文化程度在小学及以下、初中、高中、大专及以上的农户中分别有 7.5% 、8.2% 、19.1% 、17.1% 的农户认为"收取一定的利息是正当的"，年收入在 1 万元及以下、1 万元~5 万元、5 万元~10 万元、10 万元以上的农户中持此想法的分别占总体的 7.8% 、12.7% 、18.2% 、30.8% 。

四　小结

第一，农户在选择存款对象时，主要青睐于银行、农村信用社等正规金融组织，但农户却很难从这些组织中获取贷款，因而只得把借贷的对象转向民间，如亲戚、邻居或朋友以及农村民间金融组织。

第二，农村民间金融组织所独有的与当地农民自身的情结关系、借贷便利等特征，是其吸引农户存借以及在农村持续生存的主要原因。

第三，大部分农户认可农村民间金融组织应有一定的存借款利息。当前的贷款利息水平对于农户而言略高，但没有超过大多数农户的承受能力。此外，大部分农户比较青睐小额贷款，并且期望贷款的最短还款期限不应过长，应体现灵活性。

第四，大部分农户认为借钱或者借债是平常的事情，可以接受。

第五，农户的文化程度对于其借贷的态度有一定的影响，即随着农户文化程度的提高，其对于民间金融组织的贷款利息具有较强的承受能力，对于借贷这种事情具有较强的商业意识，并且较少地考虑借贷中存在的血缘或地缘关系。而文化程度较低的人、年龄较长者则比较看重借贷中出现的地缘关系，也就是所谓的"乡里乡亲"关系。

第六，农户的所在地区经济发展水平以及自身的经济条件，突出地影响着农户对民间金融组织的态度。经济发展水平相对发达的浙江地区的民间金融组织的利息较高，商业运作痕迹明显，当地的农户也比较希望能通过借贷活动获利或者便利自己；同时，随着农户家庭年收入的提高，农户对于贷款利息的承受能力也随之增强，并且在处理借贷问题时，更具有经营意识。

第二节 农户行为

通过对浙江、湖北两地进行实证研究，从农村民间金融组织借贷中的农户借贷倾向、借贷过程及借贷失败三个方面来考察农户行为。

一 借贷倾向

本小节主要从贷方的行为特征和借贷双方之间关系基础两个方面探讨农村民间金融组织借贷中的农户行为倾向。

1. 贷方的行为特征

从贷方的行为特征来看，主要有主动性、选择性、隐秘性、趋利性四大特征。

主动性即指在民间金融组织借贷过程中，贷方农户积极寻求资金需求源，主动促成借贷交易完成的一种行为特征。贷方具有的主动性特征，是由一定的客观需要和文化根源所决定的。首先，随着民间经济的快速发展，一边是部分农户拥有了大量闲置资本，另一边是农民、农户和大量中小企业融资难，资本配置错位的矛盾是贷方农户具备主动性特征的客观前提。其次，像浙江温州等发达地区历来丰富的商业文化和竞争进取的商品意识，是促使贷方农户主动寻求资金需求方的文化根源。同时，调查发现，贷方农户选择的路径一般还是通过以亲戚、朋友为主的人际网络来寻找交易目标，所达至的目的是资本配置收益的最大化。

选择性意指贷方农户利用社区信息，对交易对象进行全面判断和理性选择的一种行为取向。从选择方式来看，贷方主要通过听、看、察的方式选择交易对象。听，即贷方通过朋友圈探知交易者的人品、信用、家庭等情况；看，指贷方查看借方目前所从事的职业以及发展状况；而察主要是借贷关系形成后，贷方不定期地对借方进行暗中考察。就选择范围而言，贷方农户的行为选择具有明显的人格化特征，呈现一种"差序"格局，即由亲戚、朋友扩展到亲戚之亲戚、朋友之朋友。可见，民间借贷仍然主要发生在熟人圈内，只是这类熟人圈随着人们社会交往面的扩大而日趋扩大。就选择目的来说，选择也即风险的评估，借贷面临的最大风险是资金能否归还，贷方进行选择的目的是使风险预期最小化。

隐秘性是贷方农户在一定范围内对交易对象、交易内容实行的一种行为保护机制。首先，隐秘性缘何产生呢？笔者认为，一是民间借贷目前所处的"边缘性"地位；二是中国人尤其是农民强烈的面子观。其次，隐秘性具备的性质分析。调查发现，这种隐秘性是相对的，对于借贷"圈中人"而言，这是一个公开的秘密；对"圈外人"来说，这又是个永远的秘密。但是，目前民间金融组织等民间借贷活动之中，借贷是圈中有圈，圈外套圈，"圈中人"和"圈外人"是相对的，所以，贷方的隐秘性只能是相对而非绝对的。第三，贷方具备的隐秘性行为特征造成的后果探讨。在主观方面，贷方农户有效保护了自身的隐私安全，保证借贷行为的顺利开展；在客观方面，切实维护了资金借入者的利益，极大减少了借贷纠纷。

趋利性即指在借贷过程中，贷方农户采取一切行动保证最大限度地获取效益。这里的效益不仅仅是经济效益，还包括社会、文化、情感和政治等目的。科尔曼（James S. Coleman）提出的理性行动理论认为，对于行动者而言，不同的行动有不同的"效益"，而行动者的行动原则即最大限度地获取效益。在借贷过程中，趋利性既是贷方农户所具备的一个独立行为特征，又是上述三项特征产生的驱动力。作为独立的行为特征，趋利性主要体现为贷方的放贷利率高于同期正规金融机构的存款利息。而且，虽然表面看来，现行一些借贷是无偿的或者利息很低，实际上，利息的支付形式是多样化的，不单局限于现金，借方所背负的因借贷而形成的"人情"包袂是无法用金钱衡量的；作为驱动力，贷方农户所具备的主动性、选择性以及隐秘性都是受利益驱动的，其目的是保证潜在的预期收益大于风险，即利益最大化。

2. 借贷双方的关系基础：以关系、信用为基础的社会资本储量

人际关系资本是农村民间借贷中借方与贷方之间的关系基石。目前的农村社会仍是特殊主义人际关系盛行的社会，以血缘、亲缘、地缘为基础的人际关系在民间借贷中发挥着积极有效的功能（刘兆发，2002）。本次调查发现，一方面，关系资源是借贷关系成立的重要前提。亲戚、朋友等熟人仍是民间借贷关系中的主体。另一方面，人际关系网络是维系借贷关系的安全装置。以血缘、地缘和商缘关系等社会网络为纽带的民间金融组织的借贷，具有低信息成本、重复博弈和集体行为能力等优势，可以有效维护借贷双方的利益。

信用资本是维系借贷双方关系的先决条件。任何借贷必须以信用为基点，经调查和研究发现，第一，信用是以人际关系为基础的。农村民间借贷的信任范围狭小，往往局限于亲朋好友的熟人圈内。第二，信用资本是借贷双方的关系桥梁。通过信用，资金可以从闲置人之处转入急需人之手，形成借贷关系。第三，民间借贷中借贷双方的信用基础是公认的伦理、道德、宗族等非正式制度。一旦行为主体背信弃义，将会受到社会排斥、声誉丧失等严厉的非正式制裁。

可见，在借贷过程中，贷方农户的行为具有主动性、选择性、隐秘性和趋利性四大特征，四大特征相互关联，彼此渗透，而且趋利性既是一个独立的行为特征，又是前三大行为特征的驱动力；借贷双方的关系基础是以关系、信用为基础的社会资本储量。中国农村特殊的人际关系资本仍是借贷双方的关系基石，建立在人际关系基础上的信用资本则是维系借贷双方关系的先决条件。一般而言，农户在借贷中的行为选择是一个自发的过程，同时，从社会学角度看，农户的行为倾向又受经济、心理、文化、制度等多种因素的影响和制约。

二　借贷过程

借贷的行为过程实质上就是一个交换过程。如果说借贷的行为倾向是一种非物质因素包括经济地位、社会声望、情谊等的交换过程，那么借贷的实现以及出现借贷纠纷则是物质性资源的交换过程。下面从社会交换论的视角来分析农村民间借贷的行为过程。

1. 借贷行为的实质：物质性资源的交换

社会交换是一种期待回报、获取回报的行动。借贷主体在确定借贷对象后，经过一定的理性思考来决定借贷的数额、利息、期限等具体方式，并进行实质性的交换。

据访谈资料来看，以浙江温州为例，民间金融组织的借贷的资金数额往往都在一万元以上，具体数额视资金用途、亲疏关系、紧急程度等因素而定。用于生产投资、买房的，就需要比较大额的资金，而用于办红白喜事、日常用度的资金数额则相对小些。关系比较亲密的亲朋好友之间更容易借到数额较大、比较紧急的资金。同时资金的紧急程度也影响了借贷数额。总的来说，借贷主体要根据具体实际情况来确定最后的数额。然而，访谈和问卷调查结果都透露出了一个现象：希望借贷金额与实际借贷金额之间往往并不完全一致，尤其是在金额较大时。假设甲有能力给乙所需要的金额，如果乙向甲借一万元，甲很有可能会借给乙一万元，但若乙要借 20 万元，那么甲可能只借给乙 10 万元或者 15 万元。经调查发现，这与借贷的私密性有关，村民们不希望完全公开自己的私人财产。利息是借贷时双方需要确定的，现今温州民间借贷月息一般在 8‰ ~ 15‰之间。除了月息往往受银行利率影响而有所变动外，借贷双方还会考虑数额、期限、亲疏关系等来调整利息。如上文提到的，贷方有不同的借贷倾向，以营利为目的的，那么利息就相对高些；若为了助人，则低息或者无息。在具体操作中，大部分人在开始借钱时先说好一个利息率，但在还钱时或者算利息时，有时会按比原先说好的利息率低的利率来计算。一村民对这种做法作了解释："都不算利息或者利息太低，别人可能以为你钱很多或者资金一点都不紧张，因而不还你的钱，即使他手头有了钱，也先还别人的钱而不还你的。事先定个利息，别人还钱和利息会积极点。宁愿先还了再借也不要借了一直不还。"正所谓"有借有还，再借不难"。

借钱是一门很深的学问。仅仅考虑其中一方面是不够的，借贷主体要全面权衡各种因素来确定借贷的具体方式。借多少、借多久、利息多少并不是任何一方说了算，而是双方商议协定。作为交换行为，借贷要遵循公平、互惠的原则，让双方都在交换中得到好处，这样才能维系熟人之间的亲情友情和互帮互助的需要。

2. 借贷纠纷：交换失衡

当个人的行动没有得到期待的报酬或者受到没有预料到的惩罚时，就可能产生愤怒的情绪，就会出现攻击性行为。例如，贷方没有拿到预期的利息，他可能对借方产生不满情绪，以致双方发生纠纷。这种纠纷是在交换过程中，一方没有或者双方都没有提供另一方所需要的资源而造成的失衡。借贷纠纷的原因可分为两种情况：一种是未借到钱而发生的纠纷，原因包括贷方不肯借，贷方肯借但双方在借贷金额、期限、利息、手续等方面的意见不一致等；另一种是借到钱后而发生的纠纷，可能的原因有借贷手续上的不一致，借方要求延期而贷方不同意，借方没有按期还钱或还利息等。无论是出于何种原因，一方没有或者双方在交换中都没有得到自己所期望的资源，很容易产生不满情绪，委婉的表现为一般口角，激烈的则表现出动武斗殴，以致关系破裂。由于亲情、友情的压力，所以双方在出现不和时大多不会表现太激烈。若真的双方闹得不可开交，一般都是亲戚朋友们出面帮忙调解，若是有中介人介绍的，那么中介人要承担起一定责任。比如，当初贷方是看在中介人诚实可靠的份上借钱给借方的，现在资金到期了贷方要求拿回资金而借方不还，此时中介人就要开始担任调解人与担保人的责任了。一边催借方筹款还钱，一边说服贷方尽量宽松时间好让对方准备。如果还是解决不了，那么中介人就要自己弥补贷方的损失。借贷纠纷的出现是由交换失衡造成的，因此纠纷的解决就是要重新平衡双方的资源，满足了双方的交换需求，纠纷也就不存在了。

所以说，交换行为贯穿于整个借贷过程。借贷行为是一种感性和理性相结合的行为。感性在于它本身就是发生在熟悉的人之间的借贷，熟人关系影响了借贷主体选择借贷对象、具体借贷方式以及如何解决借贷纠纷。理性在于借贷主体总是通过一定的理性思考来控制借贷过程中各种资源的交换。民间金融组织的借贷的顺利进行需要借贷主体合理地把握感性与理性的度，这也是需要借贷主体进行理性思考的。温州地区民间金融组织借贷的活跃与温州人对借贷学问的把握密切相关，而这种学问的掌握又使得温州人更灵活机动地调动和周转资金，促使其经济更加活跃和发展。

三　借贷失败

有借贷行为，就必然存在借贷行为失败的情况。调查中，当问及是否遇到未借到钱的情况时，做出回答的 419 名被调查者中①，有 20.9% 的被调查者的家庭都遇到过这种情况。其未借到钱的被调查者具体情况如表 2—25 所示：在 91 名对未借到次数做出回答的被调查者中，有 66.7% 的被调查者遇到 1 次未借到钱的情况，遇到 2 次未借到钱的情况占 28.6%，3 次及 3 次以上的则较少。

表 2—25　　　　　　　　　未借到次数的情况

未借到钱的次数	人数（人）	百分比（%）
1 次	56	66.7
2 次	24	28.6
3 次及以上	4	4.8

① 由于涉及敏感性问题，初次调查时，此部分的填答有效数据太少，因而后续调查又发放 20 份问卷专门对此部分内容进行补充调查，因此此时的被调查者为 419 人。

下面将从借贷的尝试对象、借方的家庭收入、借贷金额、资金用途、借贷失败的原因诸方面进行具体分析。

1. 借贷对象

在调查中，我们发现尝试对象为正式金融机构和初级社会群体成员，都容易发生借贷行为失败。其中，前者在91次未借到情况中占了28.8%，后者占了64.9%，如表2—26所示。

表2—26　　　　　　　　　尝试对象与借贷行为失败

尝试对象	次数（次）	百分比（%）	累计百分比（%）
银行、农村信用社	27	28.9	28.9
政府	—	—	28.9
农村基金会	1	1	29.9
农民自发组织的会等	—	—	29.9
亲戚、朋友、邻居	59	64.9	94.8
其他组织和个人	5	5.2	100

由此可见，在中国农村，借贷的尝试对象对借贷行为的结果会产生一定的影响，其缘故一方面是中国约束性的金融体制，城乡二元对立的金融结构；另一方面是中国农村对社会关系的极端重视。

2. 家庭收入

家庭收入是社会地位的一个重要标志，借方的家庭收入是其偿还能力的一个重要体现，会减少贷方的风险，从而会影响借贷行为的结果。调查发现家庭年收入越高，借贷行为失败的可能性越小。如表2—27所示，在做出回答的405名被调查者中，家庭年收入在1万元及以下的被调查者有183名，其中遇到未借到钱的情况的被调查者占了 24.6%；家庭年收入在 1 万元以上至 10 万元的被调查者总数为 207 人，其中遇到未借到钱的情况的被调查者占了 21.2%；而在家庭年收入在 10 万元以上的被调查者中，遇到过此类情况的仅占 13.3%。因此，我们可以得出如下结论：家庭收入会影响借贷行为的结果，家庭收入越高，借贷行为成功的可能性越大。

表 2—27	家庭收入与未借到钱的交互表		单位：人
家庭年收入	有无未借到钱		总数
	有	无	
1 万元及以下	45	138	183
1 万元以上至 10 万元	44	163	207
10 万元以上	2	13	15
总数	91	314	405

3. 资金用途

贷方往往考虑借方对资金的处理方式，贷方可以通过资金的用途来考察借贷行为的风险性，以使自己遭受损失的可能性降低。笔者根据被调查者的回答，将资金的用途依据最终的使用者分为两大类：一是为自己所用，其中又可分为用于消费和投资，消费包括低支出消费和高支出消费，投资包括低风险投资和高风险投资；二是为他人所用，主要包括将借得的钱用于还债或将借得的钱转借给他人。我们可以从数据中看出，借方将资金用于高风险投资或高支出消费，都容易遭受拒绝，两者总数占总体的 84.7%；而用于低风险投资和低支出消费的仅占 12.1%，为他人所用仅占 3.3%。如表 2—28 所示。

表 2—28　　　　　　　　　资金用途与借贷行为失败

用途		次数（次）	百分比（%）	累计百分比（%）
为自己所用	高风险投资	46	50.6	50.6
	低风险投资	4	4.4	55.0
	高支出消费	31	34.1	89.1
低支出消费		7	7.7	96.8
为他人所用		3	3.3	100

说明：笔者将支付教育费用、用于商业经营活动归为高风险投资，将用于农业生产归为低风险投资，将用于购房、建房、买车、医疗、操办红白喜事归为高支出消费，将用于日常生活支出归为低消费支出。

4. 借贷行为失败的原因

我们首先区分向官方金融机构借贷行为失败的原因和通过民间金融组织借贷行为失败的原因，将担保问题、银行不对口、抵押品问题、手续问题和无熟人关系归为前者，占做出回答的 74 次未借到钱的情况中的 24.3%。在后者中，将原因分为贷方因素、借方因素、其他和不清楚四项，贷方因素主要是缺乏闲置资金，借方因素主要是偿还能力不够。有 35.1% 的次数是贷方缺乏闲置资金，有 28.4% 的次数是贷方担心借方的偿还能力，认为是其他原因的占了 4.1%，不清楚的则有 8.1%。可见，主要是因为缺乏闲置资金或偿还能力不够而致使借贷行为失败，如表 2—29 所示。

表 2—29　　　　　　民间金融组织借贷行为失败的原因

原因	次数（次）	百分比（%）	累计百分比（%）
贷方缺乏闲置资金	26	35.1	59.4
借方偿还能力不够	21	28.4	87.8
其他	3	4.1	91.9
不清楚	6	8.1	100

社会关系和信用在不同的借贷对象那里有着不同的作用，它们

在一定程度上降低了借贷的风险性，成为影响借贷行为结果的重要因素。此外，借方的家庭收入和资金用途也是贷方考虑的重要因素。贷方正是通过这些因素来计算借贷行为的风险性的。就个体行动者之间的借贷行为而言，不可否认的一个事实是借贷行为失败的情况只占借贷行为中的小部分，而不是一个经常发生的现象。这是因为农户在借贷时，在行为倾向和行为过程中能就一些要素达成共识，如借贷双方的关系、信用等。

第三节　农户民间借贷行为与组织合法性

从理性选择理论和社会交换理论出发，研究发现农户民间借贷行为具有三个特点：第一，农村民间金融组织的借贷是农户自我调剂资金的一种活动方式，其特点与地区社会经济发展水平及人们观念密切相关。现阶段农户对民间金融组织的参与首先是一种经济行为，其目的是为了获取经济利益。第二，借贷行为实质是一种交换行为，在借贷过程中，贷方农户的行为具有主动性、选择性、隐秘性和趋利性四大特征。第三，借贷行为是一种感性和理性相结合的行为。借贷行为失败不是一个经常发生的现象。

从合法性视角看，农户借贷行为还是一种社会行为，即农户参与民间组织借贷过程中的行为并不完全以市场交换为准则，也不完全是理性选择的结果，传统的人情关系、伦理道德、风俗习惯仍然起着协调作用。借贷双方的基础是以关系、信用为基础的社会资本储量，是基于村庄形成的村庄信任。农户民间借贷行为是在从官方获取资金不足的情况下自发形成的一种有效的融资方式，不仅因满足农户实际的资金需求获得了农户的认可与参与，而且嵌入了村庄场域中特有的人际交往原则和道德原则，从而获得了认知系统的表意合法性。农村民间借贷行为在农村有着广泛的民众基础，而且这种社会习俗是历经千年风雨而形成的，政府的行政力量基本上是消灭不了的。农村民间金融组织不仅仅只是官方正规金融组织功能缺位的替代物，更是根基于村庄农户的实际需求、历史传统、社会关系和社会规范等的一种金融组织。

在这里值得进一步讨论村庄的特征。王曙光和胡必亮认为村庄有两个重要特征值得重视：首先，村庄作为一个共同体之所以形成，其根本动力和根源在于，在很长的历史发展中，每一个农民都是以村庄为基本单元生活其中的，村庄承载和满足了村民的多方面的需求，既满足了其经济需求，也承载着村民的其他需求，比如村庄是一个农民及其家族社会活动的主要区域，也是其社会声望得以确立的重要依托，在村庄这个共同体中形成的声誉、社会资本以及网络成为一个农民及其家族延续的最基本的条件；其次，村庄之所以作为一个独立的共同体，是因为居于其中的人们都在历史久远的共同交往中形成了共同的价值观念和行为准则，大家都承认这套规则，如果谁违背和践踏了这套价值体系，必将遭到共同体内所有成员的唾弃和鄙视（王曙光，2007；胡必亮，2005）。

基于"村庄"这个较为封闭的关系共同体而建立起来的信任关系，由于其信息的基本对称性与完备性、惩罚机制与监督机制的有效性，使得村庄信任的维系成本极低。村庄信任被胡必亮称为"社会信任秩序的最高境界"之一，其原因正在于村庄信任是一种不需要任何正式契约安排来维系的"认同型信任"。但是同时我们必须认识到，形成村庄信任是需要具备一定的前提条件的：（1）村庄信任有比较严格的地域限制，村庄信任的范围一般局限于一个村庄，超越村的非正式信任关系一般较为罕见，即使有，也比较脆弱。（2）村庄信任依赖于较低的社会流动性与较简单的社会网络，一旦人口流动性增强，超越一定临界点之后，就会使得村庄信任难以维持，最终归于崩溃。（3）村庄信任一般存在于市场化水平相对较低的区域，而且一般来说，越是市场化水平较低的地区，基于村庄信任所形成的关系共同体越牢固，村庄信任的维系成本越低，从而村庄信任也就越有效；而在市场化程度较高的地区，一些正式的契约化信任关系比较容易在一定程度上替代非正式的认同型信任关系。（4）村庄信任有赖于社会制度的稳定性与社会结构的稳定性，在一个社会制度与社会结构激烈变迁的时代，村庄信任会受到极大的扰动，信任关系的脆弱性也会相应增加。因此可以说，村庄信任是一定市场化水平下的村庄共同体中所培育的特殊的认同型信任关系，本身将随着乡土社会的变迁与市场契约社会的发展而不断演进。（王曙光，2007）

中国农村正处于急剧的社会转型期，传统的行为规范日益受到挑战，在此背景下，我们还是不能仅仅信任"信任"的力量（Gambetta，1988），政府和相关部门对民间金融组织的监管仍然是重要的（王曙光、王丹莉，2008）。从以上分析中进一步延伸，我们发现，如果村庄是全面开放的、参与借贷的人中外村成员较多且没有亲戚朋友关系、借贷的规模很大、借贷的周期很短（一周、一天甚至以小时计）、借贷的目的主要是为了赚取利息收入等，都将直接加大借贷的风险。因此，政府监管就可以从这样几个方面入手展开，即分析民间金融组织的成员构成与他们加入的目的、控制民间金融组织的扩张范围、限制其规模与周期等。这样，金融风险也就会随之得以控制。最后，政府的金融管理当局及法律部门应尽快开始制定中国的民间金融法，使之做到有法可依。我们在村里调查时，不少村民都提出了这样的要求（于丽红，2008）。

第三章 基于组织层面的农村民间金融组织

帕森斯认为行为制度化、结构化就形成了组织（特纳，1987）。民间金融组织正是农户在借贷行为基础上形成的制度化的借贷机构。组织合法性最为关键的一个部分就是强制系统的制度合法性。这里的制度合法性包括两个层面：一是指在组织内部具有那些得到主要组织成员自觉遵循的一套独特的共识性或强制性的行动逻辑规则和经验惯例（在马克斯·韦伯那里被称为"合理性"）；二是组织作为一个单独的行动主体，其身份、地位和行动获得国家权威系统的法律、规章等认可。后者将在第四章进行分析，本章主要对组织层面的制度合法性即组织理性进行分析。

本部分先解剖在浙江地区广为流行的典型的农村民间金融组织形式——金融互助会，在此基础上借用理想类型的方法对湖北和浙江地区的农村民间金融组织模式进行类型化，阐述其制度合法性，此外还探索性探讨了组织合法性的挑战，即农村民间金融组织的冲突。

第一节 典型的农村民间金融组织：金融互助会

由于浙江经济发展程度相对较快，中小企业成长迅速，浙江经济对资金的需求相对较高，这在一定程度上促进了浙江民间金融不仅普遍存在，而且发展的组织化程度相对较高。本次调查的38个金融互助会均为浙江省的农村民间金融组织。其中按分布来看，杭州郊区有 2 个，温州地区有 25 个，金华有 11 个。按照组织类型来看，轮会有 20 个，标会有 16 个，摇会有 2 个。按照资金的规模来看，会金最大的为 10 万元，但仅有 1 个；在 3 万元以上的有 7 个，在 1 万 ~ 3 万元之间的较多，有 23 个；1 万元以下的有 8 个。具体情况如表 3—1 所示。

表 3—1	金融互助会样本基本情况	单位：个

		总数
地区	杭州郊区	2
	温州	25
	金华	11
类型	轮会	20
	标会	16
	摇会	2
资金规模	3 万元以上	7
	1 万 ~ 3 万元	23
	1 万元以下	8

一 金融互助会概述

1. 金融互助会特征

本节所涉及的金融互助会主要是亲戚朋友之间组建的资金互助组织，不包括以营利为目的的金融会。在此着重探讨金融互助会的特征。

（1）从金融互助会的发起上看，金融互助会具有草根性，是一个根植于民间的组织，它产生的基础是一定的社会旨趣——人们对集结资金的需求，而不是国家职能，它是亲戚朋友之间依据他们共同的利益自发组建的社会组织，它在体制和组织上独立于政府之外。

（2）金融互助会的互益性与互助性。金融互助会的受益群体被严格限定为组织成员及其家庭，其他人或群体无法从中获得服务，金融互助会提供的主要服务是集结多人的资金给一个人使用，而使用者必须是组织成员。对于组织成员而言，彼此之间是相互帮助，而不是为了营利，当然，这并不是说经济利益不能成为人们参与的目的，而是说这一目的不占主要地位。

（3）金融互助会的低交易成本特性。通过金融互助会融资相对于市场而言，是一个小数现象，不能像市场上的经济活动那样通过竞争协调各自行为，但金融互助会是一个依靠初级关系建立起来的组织，获得信息的成本低，有良好的信息传播机制，降低了信息传播的成本，信息不对称的情况较少，以及金融互助会中的重复博弈，都有利于降低交易活动的复杂性和不确定性，减少投机行为发生的概率。此外，金融互助会的建立是以人际信任为前提的，信任有利于降低经济活动成本，创造财富（林南，2000；福山，2001）。

（4）平等的内部关系和松散灵活的组织形式。金融互助会成员之间的关系是平行的，而不是隶属的，会主与会员及会员之间的关系都是平等的。平等的内部关系必然导致金融互助会的组织形式松散，没有严格的等级设置，也不一定有明确的规章制度，即使有规章制度，也是非常简单，成员的行动的合法性更多的是来自于共识——大家的认可，而不是规章制度。平等的内部关系决定了无等级的松散的组织形式。

（5）从金融互助会与外部环境的关系上看，金融互助会是一个比较封闭的系统，与外部环境的交换较少。一个金融互助会一旦成立，更多的是组织成员间的交换，与外部环境的交换并不是以金融互助会为行动者，而只是成员的个体行为。封闭性还体现在一个金融互助会的成员是相对固定的，组织成员不能随意更换。这并不是说金融互助会不会受到外部环境的影响，它的生存和发展状况在很大程度度受制于外部环境，如 20 世纪 80 年代的"抬会"风潮就使金融互助会曾经一度消沉。

2. 金融互助会的类型

学术界普遍按轮会次序的决定方式将金融互助会分为"轮会"——按会前约定的次序轮收、"摇会"——以摇骰的方式确定轮会次序和"标会"——用投标方法竞争确定次序（李元华，2002；张震宇，2004；史晋川等，2004）。此外，笔者认为金融互助会还涉及其他两个核心因素——利息和成员之间的关系，这两个因素影响着金融互助会的组成和参与者的收益，其中成员之间不同的关系表现为不同的信息沟通方式。因此，笔者还从利率高低和信息沟通方式这两个角度对民间金融会进行划分。

以有无利息为划分标准，可以将金融互助会分为无息的金融互助会和有息的金融互助会。部分"轮会"和"摇会"都是无息的，这种金融互助会主要是亲戚朋友之间为救急解难而发起，往往规模小、人数不多、形式简单；其他的"轮会"和"摇会"，以及"标会"则是有息的。如果以利息是否固定为划分标准，可将金融互助会分为利息确定的金融互助会和利息不确定的金融互助会。除"标会"外，其他的金融互助会都是利息确定的金融互助会，"标会"的利率大小是由每次"投标"决定，谁给出的利息高，由谁得会。

组织内部的沟通方式是组织内部关系结构的体现，关系到信息的共享程度，我们也可以通过沟通方式，在一定程度上判断其规模。依据信息沟通方式的不同，可以将金融互助会分为分散式沟通的金融互助会和集中式沟通的金融互助会。分散式金融互助会主要处于"星型"信息沟通网络（见图3—1）中，各成员之间都非常熟悉，彼此都有着直接的往来。在这种金融互助会中，成员广泛参与沟通，能平等地享有信息，在做出决策时，各成员都有机会表达自己的利益要求，也能充分了解他人的利益要求。同时，这种金融

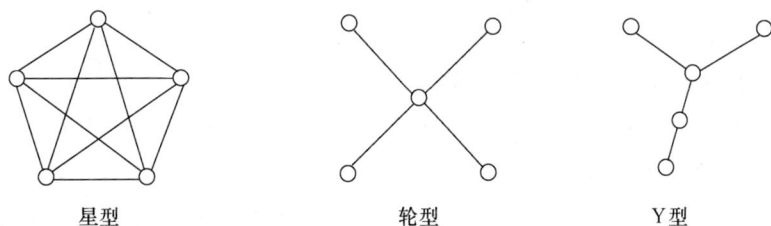

星型　　　　　　轮型　　　　　　Y型

图 3—1　信息沟通方式

互助会的规模较小。集中式沟通的金融互助会主要处于"轮型"或"Y型"信息沟通网络中,多数成员之间并不熟悉,甚至互不认识,"会脚"只与"会主"关系密切,与"会主"直接沟通,"会主"是信息网络中的桥梁,当然,"会脚"之间也有彼此熟悉的。这种金融互助会中,信息是难以被平等地传递和享有的,"会主"成为信息传递的中介。

综观上述的划分标准,笔者以下图(图3—2)概之,以期能使表达更为清晰明了。

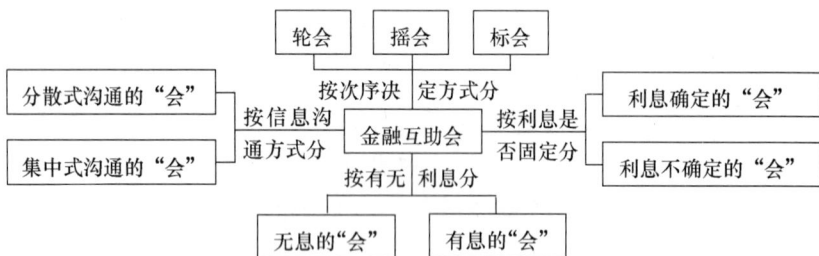

图3—2 金融互助会的类型

二 金融互助会的发起

金融互助会的发起更多的是站在"会主"的角度上考虑,从我们访谈的38个金融互助会的情况来看,金融互助会往往是在"会主"有资金需求且需求量不大,以及资金需求不太紧急的情况下发起。在38个金融互助会中,虽然"会金"最大的为10万元,但仅有1例;"会金"在1万~3万元之间的金融互助会较多,有23例。由于金融互助会的发起是需要一定的时间准备的,所以它往往是在资金需求不太紧急的情况下发生。

根据访谈资料,一个金融互助会的发起需要具备以下几个条件:一是就"会主"来说,"会主"必须有良好的信用和比较广泛的人际关系。首先,"会主"的这两个因素都是极为重要的,标志着"会主"是值得信任的;其次,一个金融互助会的成员数量一般都在10人以上,广泛的人际关系成为必不可少的条件。二是就"会脚"来说，"会脚"要有一定的用于支付"会金"的闲置资金。

上面谈到的条件并不充分，对"会主"来说，有资金需求，发起一个金融互助会，借此融资，是完全有理由的，具体来说，访谈资料显示，在38个访谈个案中，有84.2%的金融互助会的"会主"是经商的，这也说明现今的金融互助会更多的是用于为商业活动筹集资金，而为了解决"会主"生活困难的金融互助会已经较少。但对"会脚"而言，一个人有闲置资金，但为什么就要参加一个金融互助会呢？回答这个问题，我们还需要进一步了解"会脚"参与金融互助会的动机。数据显示，帮助亲戚朋友、满足资金需求、碍于面子和获得利润相对于其他项，被更多地选择，选择该四项的人数分别占了74.7%、66.7%、52.5%和47.1%。这说明人们参与金融互助会的动机是比较复杂的，既可能考虑到自身的利益——自己对资金的需求和利润的获得，又可能考虑到他人的利益——帮助他人，还可能考虑到双方关系的维持——碍于情面。

金融互助会是在人际信任的基础上发起的，而人际信任的建立是多次互动的结果，这也意味着金融互助会多在亲戚朋友之间发起，这从下列数据可见一斑：在297次参与金融互助会的行为中，有88.2%的被调查者与其参加的互助会的"会主"是亲戚或朋友。即使有些"会脚"与"会主"并不熟悉或不认识，但他们与其他"会脚"之间有着密切的关系。此外，访谈资料显示，如果"会主"是将"会款"用于商业活动，"会脚"还会考虑到"会主"的经营能力和投资的回报。

> 当向访谈对象问及"您觉得'会主'的个人能力重要吗？"时，经常的回答是如果"会主"应会是为了将"会金"用来经营的话，要看看他/她的能力，以及将钱用来做什么生意；如果"会主"是将"会金"用来解决生活困难，个人能力就不太重要。（个案Z-1、Z-2、Z-4、Z-5、Z-6、Z-7、Z-8、Z-9、Z-11、Z-13、Z-14、Z-15、Z-17、Z-19、Z-20、Z-22、Z-23、Z-24、Z-29、Z-30、Z-31、Z-32等）

三 金融互助会的运作状况

1. 金融互助会的运作方式

金融互助会的运行模式是多样的，不同的金融互助会有着不同的轮会次序、"会金"、利率、期限和参与者的数量，以及"会主"是否需要支付利息也不尽相同。本研究以轮会次序为划分标准，先对"轮会"、"标会"和"摇会"的运行情况进行描述，再在各种金融互助会中，描述其他变量不同的金融互助会的运行情况，分析各运作模式不同的互助会的利息安排。在本次访谈的38个案例中包括20个"轮会"、16个"标会"和2个"摇会"，其中在"轮会"中又存在多种不同的运作模式。

（1）"轮会"。从各"会脚"的出资大小看，在"轮会"中存在着四种不同的运作模式：

"轮会"的第一种模式。根据访谈，现在最流行的"轮会"运行模式是这样的：从"会脚"看，"会脚"在得会后，每次支付的"会金"要比得会前多，但从"会主"看，有两种不同的情况，一是"会主"每次支付的"会金"与"会脚"得会前支付的"会金"一样；二是与"会脚"得会后支付的"会金"一样。这样的金融互助会在20个"轮会"中有11个。在这样的金融互助会中，"会金"、期限和利率多样，"会金"有5000元、1万元、2万元、5万元不等，期限有10个月、30个月、40个月和60个月不等，有得会后多出100元、300元、500元不等，但参与者人数一般在21人之内。这种互助会的特点是，先得会者类似贷款，后得会者类似存款。从这种模式的互助会的利息安排上看，以一个11人的1万元"轮会"为例（如表3—2所示），在该互助会中，"会脚5"的收支平衡，从"会脚1"至"会脚4"，以及"会主"为贷款者，从"会脚6"至"会脚10"为借款者，可分别计算其贷款利率和存款利率。利率的计算方法主要有单利法、复利法和连续复利法。已有文献对金融互助会利率的计算主要采用单利法（李元华，2002；张震宇，2004；史晋川，2004），而且通过访谈得知，互助会的参与者也习惯于用单利法计算利率。因此，结合理论和实际情况两个方面考虑，本文也采用单利法计算互助会利率，其计算公式为：

$$R = I/(P \times n)$$

其中，R 为利率，I 为利息额，P 为本金，当参与者为贷款者时，P 表示其收入金额总数，当参与者为存款者时，P 表示其付出金额总数，n 为借贷期限，在该互助会中，n 均为 10 个月。若将"会主"的贷款月利率记为 R_0，"会脚 n"的存款或贷款月利率记为 R_n，则 $R_0 = 1.0\%$、$R_1 = 0.8\%$、$R_2 = 0.6\%$、$R_3 = 0.4\%$、$R_4 = 0.2\%$、$R_5 = 0$、$R_6 = 0.2\%$、$R_7 = 0.4\%$、$R_8 = 0.6\%$、$R_9 = 0.8\%$、$R_{10} = 1.0\%$。从中可知，各参与者的利率以 R_5 为轴形成对称，且从"会主"到"会脚4"，其应付出的利息额以 200 元递减，贷款月利率以 0.2% 递减；从"会脚6"到"会脚10"，其应获得的利息额以 200 元递增，存款月利率以 0.2% 递增（如图 3—3 所示）。

表 3—2　　　　　　　　　11 人的 1 万元"轮会"　　　　　单位：元

	每次付出会金数											付出金额总数	收入金额总数
	1	2	3	4	5	6	7	8	9	10	11		
会主	得会	1100	1100	1100	1100	1100	1100	1100	1100	1100	1100	11000	10000
会脚 1	1000	得会	1100	1100	1100	1100	1100	1100	1100	1100	1100	10900	10100
2	1000	1000	得会	1100	1100	1100	1100	1100	1100	1100	1100	10800	10200
3	1000	1000	1000	得会	1100	1100	1100	1100	1100	1100	1100	10700	10300
4	1000	1000	1000	1000	得会	1100	1100	1100	1100	1100	1100	10600	10400
5	1000	1000	1000	1000	1000	得会	1100	1100	1100	1100	1100	10500	10500
6	1000	1000	1000	1000	1000	1000	得会	1100	1100	1100	1100	10400	10600
7	1000	1000	1000	1000	1000	1000	1000	得会	1100	1100	1100	10300	10700
8	1000	1000	1000	1000	1000	1000	1000	1000	得会	1100	1100	10200	10800
9	1000	1000	1000	1000	1000	1000	1000	1000	1000	得会	1100	10100	10900
10	1000	1000	1000	1000	1000	1000	1000	1000	1000	1000	得会	10000	11000

说明：本会"会主"1人，"会脚"10人，共11人，每1个月1次。

月利率 （%）

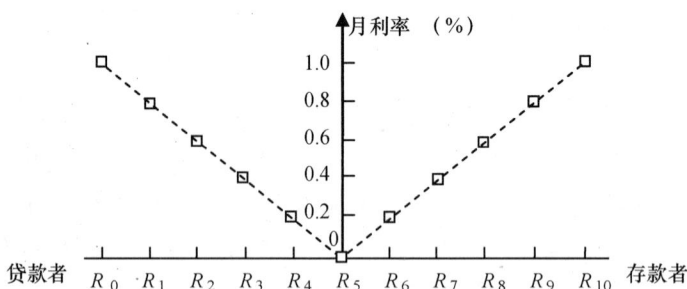

图3—3 "轮会"各参与者的利率

"轮会"的第二种模式。在"轮会"中还存在着一种原始的运作模式，本次调查访谈了3个这样的"轮会"。在这种"轮会"中，各参与者的出资相等，即没有利息存在其中，得会次序先后由参与者共同商讨决定，各参与者之间是彼此熟悉的，都为亲戚朋友，往往采用"星型"的信息沟通模式，这样的互助会的规模往往较小，以11人为多，金额也较小，一般"会金"在1万元以内，期限也较短，以1个月轮一回较为常见。根据访谈资料，在部分这种"轮会"中，得会者会通过其他方式支付利息，如得会者请客吃饭，特别是"会主"在得会时，一般都会采取一定的非金钱的方式来感谢其他参与者。

"轮会"的第三种模式。"轮会"的第三种运作模式是："会主"的每轮出资逐渐减少，一个"会脚"每轮的出资相等，先得会的"会脚"每轮出资要大于后得会的"会脚"，犹如一架楼梯，步步提高，所以这样的"轮会"被人们形象地称为"楼梯会"。本次调查了4个"楼梯会"，参与者人数一般在21人之内，"会金"小至1万元，大至10万元，期限一般较长，有20个月、30个月、50个月和60个月不等。"楼梯会"的参与者之间的关系比较复杂，从"会脚"与"会主"的关系上看，既可能有简单关系——"会脚"与"会主"有直接的关系，又可能有复杂关系——"会脚"与"会主"之间的关系是依靠其他参与者维持的。

从"楼梯会"的利息安排上看，以一个11人的1万元"楼梯会"为例（如表3—3所示）。在该互助会中，"会脚1"到"会脚5"扮演着贷款者的角色，而"会脚6"到"会脚10"扮演着存款者的角色，而"会主"虽然取得第一次"会金"，却是收支平衡。笔者同样以单利法计算利率，若将"会主"的贷款月利率记为 R_0，"会脚 n"的存款或贷款月利率记为 R_n，则 $R_0 = 0$、$R_1 = 1.5\%$、$R_2 = 1.0\%$、$R_3 = 0.6\%$、$R_4 = 0.3\%$、$R_5 = 0.1\%$、$R_6 = 0.1\%$、$R_7 = 0.3\%$、$R_8 = 0.6\%$、$R_9 = 1.0\%$、$R_{10} = 1.5\%$。可知，该互助会各参与者的存款或贷款利率以 R_0 为轴，形成对称（见图3—4）。相比于上述"轮会"，该互助会的利率较大，各"会脚"之间的利率跨度也较大，这意味着后得会者能从中获得较大的利息，而先得会的风险较大，体现在使用该"会金"的收益率必须较大。

表3—3　　　　　　　　11 人的 1 万元"楼梯会"　　　　　单位：元

	每次付出会金数											付出金额总数	收入金额总数
	1	2	3	4	5	6	7	8	9	10	11		
会主	得会	1500	1400	1300	1200	1100	1000	900	800	700	600	10500	10500
会脚1	1500	得会	1500	1500	1500	1500	1500	1500	1500	1500	1500	15000	10500
2	1400	1400	得会	1400	1400	1400	1400	1400	1400	1400	1400	14000	10500
3	1300	1300	1300	得会	1300	1300	1300	1300	1300	1300	1300	13000	10500
4	1200	1200	1200	1200	得会	1200	1200	1200	1200	1200	1200	12000	10500
5	1100	1100	1100	1100	1100	得会	1100	1100	1100	1100	1100	11000	10500
6	1000	1000	1000	1000	1000	1000	得会	1000	1000	1000	1000	10000	10500
7	900	900	900	900	900	900	900	得会	900	900	900	9000	10500
8	800	800	800	800	800	800	800	800	得会	800	800	8000	10500
9	700	700	700	700	700	700	700	700	700	得会	700	7000	10500
10	600	600	600	600	600	600	600	600	600	600	得会	6000	10500

说明：①本会"会主"1人，"会脚"10人，共11人，每5个月1次；②会主优先得会，得会后，每次支付的"会金"逐渐减少，"会脚"每次支付的"会金"相等；③会次在"会主"征求各"会脚"意见后确定，会次确定后可自我协商调整；④"会金"在5天内交齐，迟一天罚款5元，以此类推。

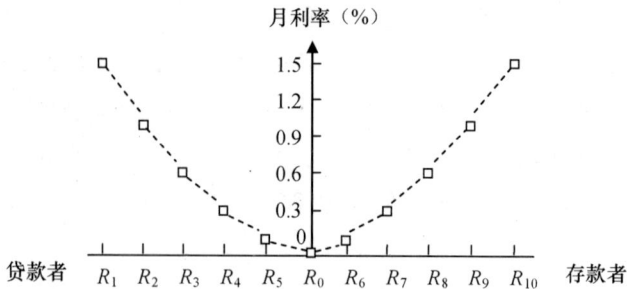

图3—4 "楼梯会"各参与者的利率

"轮会"的第四种模式。"轮会"的第四种运作模式是:"会主"首先得会,所需支出的金额最大,而得会的金额最少,先得会的"会脚"的出资金额多于后得会者,而后得会者的得会金额大于先得会者,一个参与者每次出资的金额相同,有些参与者之间的出资金额的差额不相等。本次调查访谈了2个这种互助会,其规模较大,一般在21人以上,51人以内,"会金"也较大,有4万元"会"和5万元"会"的,从期限上看,一般是每月轮会一次。此外,部分这种金融互助会设立理事会,以便于管理和运作。

从该"会"的利息安排上看,以一个25人的4万元会为例(如表3—4所示)。在该互助会中,从参与者A至参与者N扮演着贷款者的角色,其贷款月利率用 R_A、R_B……R_N 表示;从参与者O至参与者Y扮演着存款者的角色,其存款月利率用 R_O、R_P……R_Y 表示,不存在收支平衡的参与者。采用单利法计算月利率,可得,$R_A = 2.5‰$、$R_B = 2.4‰$、$R_C = 2.3‰$、$R_D = 2.2‰$、$R_E = 2.0‰$、$R_F = 1.9‰$、$R_G = 1.8‰$、$R_H = 1.7‰$、$R_I = 1.5‰$、$R_J = 1.3‰$、$R_K = 1.0‰$、$R_L = 0.7‰$、$R_M = 0.5‰$、$R_N = 0.2‰$、$R_O = 0.04‰$、$R_P = 0.3‰$、$R_Q = 0.6‰$、$R_R = 0.9‰$、$R_S = 1.4‰$、$R_T = 1.8‰$、$R_U = 2.4‰$、$R_V = 2.9‰$、$R_W = 3.7‰$、$R_X = 4.5‰$、$R_Y = 5.0‰$。从中可知,在该互助会中,月利率较小,且利率之间的差别也较小,其中贷款者之间的利率差额均小于0.3‰,存款者之间的利率差额均小

于 0.8‰，在这里，利息只是象征性的。

表 3—4 　　　　　　　　　**25 人的 4 万元会** 　　　　　单位：元

年	月	次序	姓名	月金额	收会金额	年	月	次序	姓名	月金额	收会金额
2006	4	1	A	1770	40015	2007	4	14	N	1680	40105
	5	2	B	1765	40020		5	15	O	1670	40115
	6	3	C	1760	40025		6	16	P	1660	40125
	7	4	D	1755	40030		7	17	Q	1650	40135
闰	7	5	E	1750	40035		8	18	R	1635	40150
	8	6	F	1745	40040		9	19	S	1620	40165
	9	7	G	1740	40045		10	20	T	1605	40180
	10	8	H	1735	40050		11	21	U	1585	40200
	11	9	I1	865	40055		12	22	V	1565	40220
			I2	865							
	12	10	J	1720	40065	2008	1	23	W	1540	40245
2007	1	11	K	1710	40075		2	24	X	1515	40270
	2	12	L	1700	40085		3	25	Y1	745	40295
	3	13	M	1690	40095				Y2	745	

说明：①表中字母代表参与者，该会设立理事会，A 为"会主"，负责收取金额为 11705 元，B 负责收取的金额为 10040 元，C 负责收取的金额为 9940 元，D 负责收取的金额为 5085 元，E 负责收取的金额为 5035 元；②该会共有 25 名人员组成，定于（古历）四月二十日至二十三日收取"会金"；③会次在"会主"征求各"会脚"意见后确定，会次确定后可自我协商调整；④会员必须自觉按时将会费交理事，如逾期一天罚款 50 元，以此类推。

从利息上比较这四种不同运作模式的"轮会"，我们可以知道，"楼梯会"最注重利息，而原始的"轮会"则完全忽略了利息，相应的"楼梯会"中的存款者所要承担的风险也就较大，要求有较高的收益率。总体上看，"轮会"中的利率是较低的，能很好地体现出金融互助会"互助性"的特点。

（2）"标会"。本研究调查了 16 个"标会"，各"标会"的运作模式基本相同：“会主”履行组织功能，不参与“竞标”，得第一会，但其每次付出的金额均为固定金额，即其所得金额与应会金额相等，想得会的“会脚”参与“竞标”，所出“标息”高者得会，已得会的“会脚”以后每次都出固定金额，未得会的“会脚”每次应会的金额为固定金额减去“标息”，得会了的参与者不得再次参加“竞标”。“标会”的固定金额有50元、100元、150元、200元、300元、500元不等，参与者人数较多，一般不少于30人，以五六十人较为普遍，一般每月“竞标”一次，“竞标”日期往往是固定的，“竞标”由“会主”组织。

由于“标会”的利息无法事先确定，每个“标会”的利息也不尽相同，但其利息都是由得会次序和“标息”共同决定的。“标会”的贷款者和存款者不能事先设定，只有到最终，我们才能清楚哪些参与者扮演了存款者或贷款者的角色。通过对16个“标会”的850次“标息”（已去掉32次“会主”和得末会者的“标息”）的统计显示，“标息”最高不会超过固定金额的40%，有6.6%的“标息”在固定金额的30%以上（包括30%），有46.8%的“标息”为固定金额的20%～30%（包括20%），有33.5%的“标息”在固定金额的10%～20%（包括10%），有13.1%的“标息”在固定金额的10%以内。可知，多数标息是在固定金额的10%～30%。

我们以一个已完成了的“标会”为例（如表3—5所示），分析其利息安排情况，从“标息”上看，该例能较好地反映“标会”的总体情况。虽然“标会”的利息是由“标息”和得会次序共同决定，但通过对各参与者的存款或贷款利率的分析，可以看出，在表3—5给定的“标息”的情况下，得会次序对参与者扮演存款者或是贷款者的角色有明显的影响。在该互助会中，“会主”的收支平衡，除“会主”外，得会次序在前12位的参与者扮演了贷款者的角色，其后的参与者扮演了存款者的角色。在贷款者中，平均月利率为5.28‰，贷款利率最高的为“会脚3”，其贷款月利率 $R_3 = 9.6‰$，贷款利率最低的为“会脚8”，其贷款月利率 $R_8 = 0.5‰$；在存款者中，平均存款月利率为3.65‰，存款利率最高的肯定是得末会者，在本例中，其存款月利率 $R_{29} = 8.3‰$，存款利率最低的为"会脚14"，其存款月利率 $R_{14} = 0.1‰$。由此可知，该互助会中的利率较小，且差别较小。

表 3—5　　　　　　　　　30 人的千元"标会"　　　　　　单位：元

参与者	标息	得会金额	应会金额	参与者	标息	得会金额	应会金额	参与者	标息	得会金额	应会金额
会主	0	2900	2900	10	26	2406	2727.5	20	25	2675	2512
会脚1	20	2340	2900	11	30	2360	2701.5	21	28.5	2672	2487
2	21	2333	2880	12	27.5	2432.5	2671.5	22	20.5	2756.5	2458.5
3	25.5	2237	2859	13	8.5	2764	2644	23	18.5	2789	2438
4	18.5	2437.5	2833.5	14	17	2645	2635.5	24	15.5	2822.5	2419.5
5	19	2444	2815	15	16.5	2669	2618.5	25	22.5	2810	2404
6	22	2394	2796	16	21	2627	2602	26	19.5	2841.5	2381.5
7	24	2372	2774	17	21.5	2642	2581	27	14	2872	2362
8	9	2711	2750	18	24.5	2630.5	2559.5	28	12.5	2887.5	2348
9	13.5	2630	2741	19	23	2670	2535	29	0	2900	2335.5

说明：①本会有"会主"1人，"会脚"29人组成，每月5日进行标会；②"会主"优先得会后，不参加投标，"会脚"得会后，每次都要付固定金额；③本会固定金额为100元。

（3）"摇会"。本次调查访谈的38个个案中，有2个是"摇会"。"摇会"的运作模式是这样的：得会次序不事先规定，"会主"得第一会，而后每次由谁得会都当场摇骰或抽签决定，每人只得一会。在本次调查的2个"摇会"中，其中一个"摇会"没有设置利息，但是每次摇骰或抽签时，得会者都会请其他参与者吃饭，这个"摇会"是一个3万元的"摇会"，有11个人参加，每月轮一回，得会者请其他参与者吃饭要花费1500元左右；另一个"摇会"是一个1万元的"摇会"，也是有11人参加，每月轮一次，参与者得会后，每次都要多付出100元，其利率与表3—2的"轮会"相同，不再赘述。

2. 风险与防范

金融互助会的风险主要表现在"倒会"上，调查数据显示，大多数参加过金融互助会的被调查者认为金融互助会没有风险，占了297次参与金融互助会行为的67.0%。与"会主"的关系、与"会主"的交往情况、组织成员的地域关系及加入组织的方式都对风险大小产生显著影响。从与"会主"的关系上看，与"会主"是亲戚、朋友或邻居的被调查者认为其参加的互助会是没有风险的比例较高，其中，与"会主"是亲戚关系的被调查者认为其参加的互助会没有风险的比例为70.2%，与"会主"是朋友或邻居关系的被调查者认为其参加的互助会没有风险的比例为67.1%，而在其他被调查者看来，其参加的金融互助会没有风险的占了50.0%（如表3—6所示）。与"会主"的关系和金融互助会有无风险之间的 x^2 = 4.711，df = 2，P = 0.045。

从与"会主"的交往情况上看，来往较频繁的被调查者认为其参与的互助会没有风险的比例较高，两者的 x^2 = 12.838，df = 2，P = 0.002，说明以与"会主"的交往情况来区分有无风险，存在显著差异。其中，在与"会主"有经常来往的被调查者中，有70.2%的被调查者认为没有风险，在与"会主"只是偶尔来往的被调查者中，有65.8%的被调查者认为没有风险，在与"会主"从不来往的被调查者中，只有37.5%的被调查者认为没有风险（如表3—6所示）。

从组织成员的地域关系上看，在297次参与金融互助会中，有56.0%的金融互助会的成员都是同一个村镇的，有24.8%的金融互助会中的大部分成员是同一村镇的，这说明同一地域是有利于金融互助会的成立的。组织成员所处地域相同也对金融互助会的风险有明显的影响，两者的 x^2 = 16.502，df = 4，P = 0.004。其中，在参与组织成员都是同一村镇的金融互助会的被调查者中，有78.5%的被调查者认为其参加的金融互助会没有风险；在参与组织成员大部分是同一村镇的被调查者中，这个数据是62.9%，在参与组织成员小部分是同一村镇的金融互助会的调查中，这个数据是56.0%；在参与组织成员都不是同一村镇的金融互助会的被调查者中，这个数据是40.0%；在不知道其他参与者的地域情况的被调查者中，这个数据是78.6%（如表3—6所示）。

表3—6　　　　　　　影响金融互助会风险的因素

		有无风险（%）		总数
		有	无	次
与"会主"的关系	亲戚	29.8	70.2	94
	朋友或邻居	32.9	67.1	161
	其他	50.0	50.0	34
与"会主"的交往情况	经常来往	29.8	70.2	178
	偶尔来往	34.2	65.8	73
	从不来往	62.5	37.5	32
组织成员的地域关系	都是同一村镇	21.5	78.5	158
	大部分是同一村镇	37.1	62.9	70
	小部分是同一村镇	44.0	56.0	25
	都不是	60.0	40.0	15
	不清楚	21.4	78.6	14
加入互助会的方式	应"会主"邀请	25.7	74.3	175
	"会脚"介绍加入	40.2	59.8	97
	非互助会成员介绍加入	82.4	17.6	17

说明：有极少数被调查者没对这些题目做出回答，因此总数不到297次。

从加入互助会的方式上看，在应"会主"邀请而加入的被调查者中，有74.3%的被调查者认为其参与的互助会是没有风险的；在通过互助会"会脚"介绍加入的被调查者中，有59.8%的被调查者认为其参与的互助会没有风险；在通过非互助会成员介绍加入的被调查者中，这个数据则仅为17.6%（如表3—6所示）。加入方式与对互助会有无风险的看法之间的 $x^2 = 24.762$，df = 2，P = 0.000。

通过对上述四个对金融互助会的风险大小产生影响的四个因素的进一步分析，可以看出它们涉及了两个方面：一是信息的充分性；二是"会脚"与"会主"共同的社会网络的范围及这些共同的重要他人对他们的影响力度。这两方面能很好地解释为什么参与者会认为金融互助会没有风险。

金融互助会风险的防范措施主要有两种：第一，是制度措施，多数金融互助会都会订立章程，说明责任的承担者，调查数据显示，在297次参与金融互助会中，有64.0%的订立了章程，但有些章程的有效性是值得质疑的，如参与者的姓名是简称；第二，参与者共同的重要他人主要是"会主"与"会脚"，共同涉及的社会网络成为了防范风险的重要保障，任何投机者都会面临他们的谴责，而这种谴责是投机者不得不在乎的，因为他们身处这样的社会网络中。

3. 运作结果

从结果上看，帮助了他人是参与金融互助会的主要成果之一，在297次参加金融互助会的行为中，有79.5%的行为帮助了他人；参与的第二个结果是满足了资金需求，有65.3%的被调查者选择了此项；再次是促进了与"会主"的关系，占了29.0%；其他选项都是少数，其中选择"扩大关系网"、"促进了与其他参与者的关系"、"提高了声望"分别占了8.1%、7.1%和2.0%。这说明参与金融互助会能较好地满足资金需求。

但从访谈资料可知，参与金融互助会对"会脚"与"会主"的关系的维持起到了一定的作用。在38个访谈个案中，有78.9%的被访者表示参加金融会是有利于维持"会主"与"会脚"之间的关系的；从反面看，如果不是客观原因的限制，不应"会主"的邀请，对这关系可能有破坏作用，这意味着不友善或不信任"会主"。

四　金融互助会的结构

戴维斯（Kingsley Davis）认为组织的结构由两个部分组成：规范结构和行为结构。规范结构是一系列相对持久的信条和规范，包括了价值观、规章制度和角色期待；行为结构是一种"既存的秩序"，包括参与者的活动、互动和感知，组织的职位结构、报酬结构都可以纳入行为结构中。在本节，笔者欲对金融互助会中的规范结构、职位结构和报酬结构进行分析。

1. 金融互助会的规范结构

如同互助性的私人借贷一样，在金融互助会中，指导人们行为的是对亲密关系的信任。金融互助会的发起便是基于这种人际信任，在金融互助会的整个过程中，参与者之间的亲密关系起着至关重要的作用，它使参与者按期准时地支付"会金"，保证金融互助会的"有始有终"。这种人际关系有效地防范了参与者的投机行为，因为违背承诺意味着他或她会在一个广泛的社会网络中失去信誉。

金融互助会作为一个组织，其成员必然在组织内扮演着不同的角色，履行着不同的职能，而且这些职能之间是彼此协调的，只有这样，这个组织才可能生存下去。从职能这个角度来看，金融互助会里至少存在着两种承担不同职能的参与主体："会主"或称为发起人和"会脚"。"会主"首先是一名"受助者"，"会主"是在有资金需求的时候发动熟人参加；而"会脚"是"帮助供给者"，从这个角度看，在金融互助会成立之后，"会主"被期望为向"会脚"表示感激，"会脚"被期望能向"会主"提供资金上的帮助。从另一个角度看，"会主"作为发起人，扮演着"保证人"的角色，而"会脚"是作为"贷出方"存在，从这个角度看，"会主"被期望能在"倒会"的情况下，赔偿"会脚"的损失，"会脚"被期望是守信的。

2. 金融互助会的职位结构

从职位结构来看，在金融互助会中，职位之间是比较平等的，不存在隶属关系，"会主"和"会脚"的差别主要在于职责的不同。根据访谈资料，在多数规模较小（参与者在21个以下）的金融互助会中，"会主"是金融互助会的组织者和协调者，负责制定章程（如果该会有章程的话），决定是否有利息，如果有利息，确定利息的高低，确定金融互助会以何种方式操作，确定轮会次序（一般会征求"会脚"意见），负责集中"会金"，再把"会金"送至得会者；如果是"标会"的话，还得组织"会脚"投标，同时"会主"

是见证人。相应地，"会主"承担着两方面的义务：一是如果有"会脚"无法拿出该支付的"会金"时，由"会主"垫支；二是如果"倒会"，"会主"赔偿"会脚"的损失。"会脚"的职责则简单许多，只需按期准时支付"会金"便可。少数的例外是，在一些由彼此熟悉的人组成的金融互助会中，"会主"负责收"会金"，再将"会金"交至得会者这一职责由得会的"会脚"取代，这样的金融互助会的成员必须是彼此熟悉的，而且往往是无息的。

在规模较大（参与者在 21 个以上）的金融互助会中，存在着两种职位结构安排，一种如前所述，另一种则是在"会主"和"会脚"之间设立一个理事会，理事会一般由 4~8 人组成，包括"会主"在内，理事会成员都是先得会的成员。民间也将发起人称为"大会主"，将理事会成员（除发起人外）称为"小会主"。理事会负责集中"会金"，交由"会主"送至得会者，即理事会承担了"收钱"的职责，同时他们也分担了"倒会"的风险。一般一个理事会成员负责收取 4~6 个"会脚"的"会金"。通过访谈，笔者了解到，理事会成员负责的对象是根据关系和地域来划分的。由此可知，金融互助会的规模对其职位安排的影响主要表现在对"收钱"环节的影响。而这样做的原因，是减少金融互助会的交易成本，使其更为有效地运作。

3. 金融互助会的报酬结构

从交换理论的视角上看，参加金融互助会的行为本质上是一种社会性的交换行为，通过上述对各种金融互助会利息安排的分析，可以知道，物质报酬可能是互助会的一种报酬形式，但它无法完全解释维持着金融互助会的报酬结构，还有其他报酬维持着金融互助会参与者各司其职。这些报酬正是霍曼斯（Homans. G）所说的通过迂回或间接的方式获得的报酬。

我们可以从报酬的来源上来分析金融互助会的报酬结构，在金融互助会中，报酬的来源主要有两个：一是"会主"；二是彼此熟悉的参与者都涉及的交际圈。从"会主"这一来源上看，"会脚"获得的是"会主"的感激与信任，这些感激和信任可以在未来的行动中为"会脚"创造现实的利益，这是一种社会资本的积累；从第二个报酬来源上看，在这个交际圈中，参与者参加互助会的行为能为他们带来他人的认可，甚至是尊重。我们更应该进一步看到，这些通过迂回或间接的方式获得的报酬是基于规范结构的，正是这种基于亲密关系的规范结构使得这些报酬是社会有价物。

五　金融互助会的未来探析

1. 金融互助会的衰弱

从访谈的结果来看，相比于 20 世纪 80 年代上半叶，现今的金融互助会已不再像那时一样盛行，呈现出了衰弱的趋势，主要表现在数量、形式的减少上。根据访谈资料，20 世纪 80 年代上半叶，"抬会"风潮和"会"案还没有爆发以前，有很多人参加互助会，它是人们融资的重要渠道，而现在参加互助会的人已是少数。从形式上看，本次调查发现金融互助会的许多形式已不再流行，如"买会"、"啃会"、"排会"、"压会"、"票会"等。那么，这种衰弱是如何形成的？下面的原因可能可以解释这一现象。

组织的变迁是由两个方面的因素影响的：一是内部限制因素；二是外部限制因素（Hannan and Freenman，1977）。从内部限制因素上看，金融互助会的"会金"数额往往较小，而随着经济发展，人们资金需求的数量则往往较大，金融互助会的"会金"能满足人们资金需求的程度较之以往有明显的下降，多数被访者也表示有时候"会金"无法满足资金需要是不参加金融互助会的主要原因之一。另外，我们可以用"结构的惯性"这一概念来解释金融互助会的衰弱，结构的惯性是指组织结构在一定的时间内保持稳定，特别是核心技术的稳定，在金融互助会中，核心技术就是参与者之间的人际信任，所以金融互助会无法在保持每个成员出资数额不变的情况下，通过扩大人数规模来增加"会金"，因为保持大规模的人际信任是困难的，而风险会随着信任的降低而增加。

从外部限制因素上看，对金融互助会来说，主要有两个限制因素：一是缺乏法律支持，这致使金融互助会无法在保持人数规模不变的情况下，扩大每个成员的出资金额来增加会金，因为出资金额的扩大意味着风险的扩大，而这风险又缺乏法律上的防范措施，更何况，从金融互助会的存款者上看，金融互助会的利息并不高，使得回报与风险失衡；二是竞争性的环境制约，私人借贷和正规金融都是金融互助会的有力竞争者，成为金融互助会的替代性选择。

2. 金融互助会的生存

虽然金融互助会相对于以往，处于衰弱的态势，但不可否认的是它依旧存在着。从它的价值上说，它能够满足人们小额的资金需求，除此之外，从交易成本的角度看，它的一些相对于正规金融的优势之处有效地保证了它的生存。第一，金融互助会中的信息对称性强，降低了信息获取的成本，正规金融机构则需消费大量的资源去获得关于贷款者的信用、资金回报率等方面的信息，而在互助会中，由于参与者之间彼此熟悉或一部分参与者彼此熟悉，无须在这方面消耗大量资源。第二，在互助会中，由于参与者至少与另一名参与者关系密切，道德与共同的重要他人的舆论控制力强，减少了投机行为发生的可能性，而正规金融机构则需投入一定的资源，设立多种措施防范贷款者投机行为的发生，如提供抵押品、设置复杂的贷款程序。第三，从利率上看，在访谈的38个互助会中，总体上说，金融互助会中贷方的平均利率与银行贷款利率相当，34个有息的互助会的贷款者的平均月利率为4.4‰，而银行最低的贷款月利率为4.35‰，其中一些互助会的月利率甚至低于银行贷款利率，即使高于银行贷款利率，月利率也不会高于5.0‰；而对存款者来说，其存款的平均利率则高于银行的存款利率，这在经济利益上保证了人们的参与。第四，金融互助会的运作模式简单，其"会金"则无须被用来维持组织本身的生存，只是在参与者之间循环；而正规金融机构要花费大量的用于借贷活动之外的资源来维持运转，如物质设备。

第二节 农村民间金融组织的模式

对农村民间金融组织模式的进一步分析需要借助理想类型的方法。理想类型是一种思维构造，是研究者组织材料思考问题、进行分析的一种策略过程。它展示的不是事物本身如何，而是可能如何，让事物与理想型对比，再来认识事物。理想类型是一种表达现实的旨趣的理论结构，理想型并不是经验的归纳总结，也不是凭空的构造。它是一种抽象的图景，原材料来自于研究者基于价值兴趣选择的社会现实，在此基础上提取其中某种因素悬隔其他因素而成的图景（马克斯·韦伯，1998）。

长期以来，由于政府的压制，农村民间金融组织一直处于半公开和完全不公开的状态，发展形式多样，组织化程度参差不齐，运作规范化差异明显。前面已经提及组织化和规范化对组织的合法性至关重要，因此，我们主张从组织化和规范化两个维度，根据高低程度的差异，将农村民间金融组织进行类型化。具体可以划分为以下四种：

第一种是"双低"组织（低组织化、低规范化），如农户广为采用的亲友集资的准组织。第二种和第三种分别是高组织化、低规范化的组织和高规范化、低组织化的组织，后一种在理论上存在，但在实际的调查中却并未发现，因而此处只讨论前一种组织即高组织化、低规范化的组织，典型代表就是民间金融会。第四种是高组织化、高规范化的组织，目前合乎这种意义上的组织并不多见，新兴的农民自发形成得到官方认可鼓励的资金互助社属于这种类型，我们在此将其统称为正规农村民间金融组织（详见图3—5）。

一 亲友集资的准组织

在湖北和浙江地区，最为广泛的借贷形式是私人借贷。但进一步调查又发现，随着经济的发展，私人借贷很少发生在两个个体之间。通常的情况是，一个或几个有亲戚关系的家庭的成员或者几个

规范化

		低	高
组织化	低	亲友集资的准组织	不存在
	高	民间金融会	正规农村民间金融组织

图3—5　农村民间金融组织模式理想类型

朋友凑钱借给他人，这便形成了一种在农村广泛存在的准民间金融组织。这种准组织，其组织化程度还相当低，可分为以下几种形式：

1. 互帮互助形式

亲戚朋友之间为了解决生产生活困难，相互转借，不计利息，不定期限，不立字据，建立在互相信任的基础上。至于借款额度、还款期限，由双方商量决定，履行口头协议即可。这时的借贷双方的行为选择具有明显的人格化特征，呈现一种"差序"格局。

2. 直接借贷形式

由借贷双方商定借款额度、借贷期限、利息及还款办法，凭个人的信用关系，打张借条即可成交。这种借贷方式也主要是在亲戚朋友熟人之间进行，它与互帮互助形式的区别在于以借条的形式规定了借贷关系中双方需履行的权利和义务。这种借条已具有一定契约的作用，是熟人交往圈子扩大的结果。但此时借贷双方仍然将熟悉程度、关系以及对方信用作为首要的衡量标准。此时的借贷行为趋向于非物质因素的交换，利息只作为交换活动的次要因素。

3. 间接借贷形式

由第三者牵线搭桥，借贷双方相互见面，由牵线者仲裁利息高低、借款额度、归还期限，并作中介人和经济担保、立借贷字据构成三方的信用关系。由于第三方的存在，使借贷活动由单纯地以关系亲疏为标准过渡到逐渐生发出契约性的监督，使借贷活动逐渐去人格化。

二　民间金融会

这是我国浙江农村广为流行的一种信用方式，也称"会"或者"呈会"，一般由发起人（俗称"会主"）邀请若干人（俗称"会脚"）参加，约定时间按期举行，每次收集一定数量的会金，轮流交由一人使用借以互助。会的形式多种多样，民间常以"会金"大小作为标准对会进行划分，也有以轮会次序的决定方式为标准加以区分。"会"是一种带有草根性质的农村民间金融组织。

学术界普遍按轮会次序的决定方式将呈会分为"轮会"——按会前约定的次序轮收、"摇会"——以摇骰的方式确定轮会次序和"标会"——用投标方法竞争确定次序。

我们认为这种互助会还涉及其他两个核心因素——利息和成员之间的关系，这两个因素影响着会的组成和参与者的收益。成员之间不同的关系表现为不同的信息沟通方式。因此，笔者从利率高低和信息沟通方式这两个角度对民间金融会进行划分。

以有无利息为划分标准，可以将会分为无息的会和有息的会。部分"轮会"和"摇会"都是无息的，这种"呈会"主要是亲戚朋友之间为救急解难而发起，往往规模小、人数不多、形式简单；其他的"轮会"、"摇会"以及"标会"则是有息的。如果以利息是否固定为划分标准，可将会分为利息确定的会和利息不确定的会。除"标会"外，其他的会都是利息确定的会，"标会"的利率大小是由每次"投标"决定，谁给出的利息高，由谁得会。

组织内部的沟通方式是组织内部关系结构的体现，关系到信息的共享程度，我们也可以通过沟通方式，在一定程度上判断其规模。依据信息沟通方式的不同，可以将会分为分散式沟通的会和集中式沟通的会。分散式会主要处于"星型"信息沟通网络中，各成员之间都非常熟悉，彼此都有着直接的往来。在这种会中，成员广泛参与沟通，能平等地享有信息，在做出决策时，各成员都有机会表达自己的利益要求，也能充分了解他人的利益要求。同时，这种金融互助会的规模较小。集中式沟通的会主要处于"轮型"或"Y型"信息沟通网络中，多数成员之间并不熟悉，甚至互不认识，"会脚"只与"会主"关系密切，与"会主"直接沟通，"会主"是信息网络中的桥梁，当然，"会脚"之间也有彼此熟悉的。这种互助会中，信息难以被平等地传递和享有，"会主"成为信息传递的中介。

如同亲友集资的准组织一样，在"会"中，指导人们行为的是对关系的信任。"会"的发起便是基于这种人际信任。在整个过程中，"会"的参与者之间或与"会主"之间的关系起着至关重要的作用，它使参与者按期准时地支付"会金"，保证会的"有始有终"。这种人际关系有效地防范了参与者的投机行为，因为违背承诺意味着他或她会在一个广泛的社会网络中失去信誉。一旦信誉丧失，往往出现"倒会"，给会员带来重大损失。

三 正规农村民间金融组织

所谓正规的农村民间金融组织，是针对上述农村民间金融组织的草根性而言的，主要有：农户资金互助会、社区性合作金融组织、专业性合作金融组织、区域性农业银行及小额贷款公司等。

1. 农户资金互助会

农户资金互助会是指农户以村或者是村民小组为单位，以集体资产或者是自有资本为依托，吸纳本村本组的农户入股，按照入股自愿、退股自由原则而组建的小范围内部金融组织。由于这种金融组织地域半径狭小，所有人和受益人高度一致，所以它能够克服大型合作金融组织的所有者缺位和受益对象错位的弊端，一户有困难，由村民组长或有威信的村民出面，一户一户收取现金，积少成多，然后借给困难户，以帮助解决天灾人祸造成的临时资金困难。这种借贷形式属扶危济困形式，一般不要利息或付低息，还款时间也不固定（孙佑海，2000）。

这种互助会已不同于上述草根性的农村民间金融组织，已具有正式组织的特征。首先有明确的组织目标，即在成员有经济困难时互助。其次，初具组织架构，即以有威信者为首的监管和维护机制。再次，有较稳定的人员构成和组织活动。虽然这种民间金融组织仍以人际关系网络作为主要的化减风险的途径，但其成员的范围已明显扩大，逐渐超越血缘、亲缘，但同是又享有社会网络提供的低信息成本的优势，从而维护借贷双方的利益。

2. 社区性合作金融组织

社区性合作金融组织和农户资金互助会相比，在资金来源、组建原则、运行规则方面没有太大差别，只是其作用范围和半径从一村一组扩展到数村或一镇，其参与主体除了农户和能人之外，乡镇企业、政府也作为两个特殊主体位列其中。这类金融组织以集体积累资金、农户闲散资金和乡镇企业盈余资金为主要资金来源，以农户和集体的农业生产为资金主要投向，坚持"取之于农，用之于农"的原则，以为社区内农村各类经济主体的小规模生产活动提供小额、短期、低息贷款为其业务重点，其业务一般不超越社区范围（纪志耿，2006）。

3. 专业性合作金融组织

专业性合作金融组织主要依托于农民专业合作经济组织或专业性协会、联合会，是由本组织内部成员或本行业内部的经济主体自愿集资建立起来的。这种农村金融组织形式和前面的社区性合作金融组织有所并列，但它更强调的是专业和合作经济组织内部开展的资金融通服务活动。分工和专业化是市场经济发展的必然结果和高级阶段，专业经济组织内部的农户具备共同的知识、文化背景和社会网络，因此，在这种经济组织内部组建合作性金融组织，将更有利于农户发展生产、增加收入并降低借贷风险（李静，2002）。

4. 区域性农业银行及小额贷款公司

区域性农业银行及小额贷款公司是指在农村内部的社区性金融组织和合作性金融组织发育成熟之后，在农户收入增加并初步具有金融投资和风险意识的基础上，以县或市为单位而组建的地方性正规金融机构。该金融机构要求充分吸纳农户和农村企业的储蓄存款，同时承接政府对农业的支持性贷款，基本以农户和乡镇企业为放款对象，实现农村资金的内部运行和保值增值。这种金融组织已经是农村民间金融组织与正式金融组织间的一种过渡形式。

由此可见，亲友集资的准组织是农村民间金融组织的低级形式，它建立在传统熟人社会的差序格局之中，借贷双方的互动在初级群体层面完成。亲缘、血缘关系为互动双方提供了交换物以及约定俗成的规则，以此解决风险控制和重复博弈的问题。此时，有限范围内的互动仅借由人际关系层面的约束来进行。随着经济生活的发展，互动范围扩大，农村民间金融组织的模式也逐渐由低级向高级过渡，超越原有的乡土模式，向更宽更广的范围拓展。此时人际关系的影响力逐渐减弱，对于陌生的次级层面的互动，借贷双方须借用更为规范的方式明确各自的责任与义务，从而提高交换的效率。于是以契约和明确的职责规范为基础，施行规范化管理的正式组织衍生而出。农村的"会"虽然带有明显的草根性，但已经是一种发育完善的民间金融组织了。继而，随着组织架构的完善，交换活动范围的扩大，建构出体系进一步分化的新型民间金融组织，其主要形式包括农户资金互助会、社区性合作金融组织、专业性合作金融组织、区域性农业银行及小额贷款公司等。

虽然农村民间金融组织依据其组织化程度的高低可以划分出不同的层次，但它们之间并不是相互取代的关系。一方面，由于我国广大农村经济发展的不平衡，各地存在的民间金融组织模式有很大的区别，如落后地区基本上还是以亲友集资为主，经济发达地区则已经出现了较为规范的民间金融组织。另一方面，由于农户资金需求存在不同层次，也需要有不同的民间金融组织来加以满足。因此，在相当长的时期内，这些民间金融组织将会并存于广大农村之中，认为将以某种农村民间金融组织模式来取代所有其他组织形式的看法是有失偏颇的。因此，政府应针对政治、经济、文化发展不同的地区，根据各地民间金融发展的不同状况，充分考虑广大农民的不同需求来制定政策措施。

第三节　农村民间金融组织的冲突

一　冲突的内容

从冲突的视角对组织进行考察，至少可以有三个不同的层次。一是组织内部的冲突，包括组织中个人与个人之间、个人与群体之间、群体与群体之间以及个人、群体与组织之间的冲突。由于组织中存在着权力、地位、信息、报酬等的不均衡，组织内部的冲突不仅贯穿于组织活动的始终，而且随着组织面临的外部环境越来越复杂，组织内部分工越来越具体，冲突问题也会越来越突出。对于这样一个微观层次的组织冲突，学界研究颇深并取得了丰富的研究成果。二是组织外部的冲突，主要是组织与外部环境之间的冲突，包括组织与其他同类或非同类组织之间的冲突，因为与组织冲突的其他组织，也可被看作是组织发展中的外部环境之一。这一层次的研究一般以组织整体为考察对象，运用社会学、经济学等学科的理论与方法进行分析。组织的发展需要一个良好的外部环境，因此组织与外部环境的研究也是组织研究的重点之一，研究成果丰硕。三是将某种类型的组织总体作为一个种群，考察其与其他组织类型种群之间的冲突，这是一个宏观的层次。这一层次的研究相对于前两类，明显较少。由于同类组织具有较大的同质性，作为一个种群，它们与单个组织尽管在面临的外部环境上具有一定的相似性，但宏观层次的研究和中观层次的研究相比，能更好地把握组织发展的宏观背景和发展趋势，因此，作为种群的组织冲突研究不仅非常重要而且亟待加强。

农村、农业和农民问题，是中国的根本问题，也是历届政府高度关注的社会问题。"三农"问题的解决，核心是发展农村经济，提高农民的收入水平，而这离不开农村金融的大力支持。因此，伴随着农村研究的深入，农村金融问题成为农村发展中一个引人关注的焦点问题。从组织角度看，农村金融组织包括民间金融组织和官方金融组织两大组成部分。官方金融组织即受中央银行和中国银监会监管的金融组织，主要包括中国农业发展银行、中国农业银行、农村信用合作社、农村商业银行、农村邮政储蓄机构、农业保险机构等。民间金融组织则指处于中央银行和中国银监会监管之外，从事金融交易、贷款和存款行为的农村金融组织。两类金融组织之间存在着密切的关系。

本研究尝试运用社会冲突理论，把农村民间金融组织作为一个种群，通过对农村民间金融组织在发展变迁历程中与其他组织种群的关系进行考察，了解其中是否存在冲突，冲突的程度与范围，冲突的性质与功能，在此基础上对农村民间金融组织如何健康地发展提出建议。

二 作为一个种群的农村民间金融组织

种群（Population）是生物学中的一个基本概念，指一定时空中同种个体的组合。种群虽然是由同种个体组成的，但种群内的个体不是孤立的，也不等于个体的简单相加，它是在某种种内关系下组成的有机整体。个体相互之间的内在关系，使相互间信息相通、行为协调、共同繁衍，并集中表现出该种生物行为的特殊规律性。从个体到种群是一个质的飞跃。个体的生物学特性主要表现在出生、生长、发育、衰老及死亡的过程中。而种群则具有出生率、死亡率、年龄结构、性比、社群关系和数量变化等特征。这些群体特征都是种群个体所不具有的。

作为生物学的一个分支，种群生态学来源于达尔文的生物进化论，它强调自然对生物物种的选择和决定性影响，其基本的理念是：物竞天择，适者生存。20世纪70年代后期，汉南和弗里曼（Hannan and Freeman）把这个原理运用到组织研究中，创立了组织研究中的种群生态学理论。这一理论认为，与自然界中不同种群的生物之间、生物与自然环境之间存在着复杂的有机联系类似，不同类型的社会组织构成各种组织种群，在一定的空间范围内所共存的组织种群形成了组织群落，在群落内部存在着类似食物链的产品（或服务）供应链关系，以及与能量交换相似的价值交换关系。借用生物种群生态学的方法，组织研究的种群生态学强调从群体的组织层面探讨问题，而不是把组织个体当作分析单位，这是和其他组织理论最明显的区别之一。运用这种方法，种群生态学试图解释为什么一些类型的（或形态的）组织生存了下来，而另一些却消亡了。其基本的假设是分享相同资源的组织之间会因为争夺资源而相互竞争，这样的竞争直接影响到组织的生存与发展（张明星、孙跃、朱敏，2006）。

邱泽奇（1999）曾指出，从组织研究的发展进程来看，种群生态学理论的出现在理论上可以看作是对组织中心主义（即强调决策分析）的回应，对组织作为一个群体的强调凸显了一些过去被组织理论家们所忽略的问题。如就组织的变迁而言，我们通常看到的是变迁的结果，是一些组织代替另一些组织，而不是组织本身的适应与变迁。种群生态学所努力的方向就是探讨组织的适应与变迁的过程，所以研究者们强调竞争类型、方式、竞争战略的差异、针对环境的选择性等等。

依据种群生态理论，两个种群的相互作用分析如表3—7所示。

表3—7　　　　　　　　两个种群相互作用类型表

相互作用类型	物种		相互作用特征
	1	2	
1. 中性作用	0	0	彼此不受影响
2. 竞争	—	—	直接相互抑制
3. 竞争	—	—	资源缺乏时的相互抑制
4. 偏害作用	—	0	种群1受抑制，对种群2无影响
5. 寄生作用	+	—	种群1为寄生者，通常较种群2个体小
6. 捕食作用	+	—	种群1为捕食者，通常较猎物个体大
7. 偏利作用	+	0	种群1为偏利者，对宿主无影响
8. 原始合作	+	+	互相有利，但不是必然的

续表

相互作用类型	物种		相互作用特征
	1	2	
9. 互利共生	+	+	相互作用，彼此有利，且具有必然性

说明：符号"0"表示中性，既无利也无害；"＋"号表示有利，"－"表示有害或抑制。

当把农村民间金融组织作为一个种群，我们发现，农村金融组织体系实际上由两个种群组成，即农村民间金融组织种群和农村官方金融组织种群。由于农村是一个与城市相对应的区域，城乡之间关系紧密，农村金融组织的发展不仅会受到农村金融需求变化的影响，还会受到城市金融供求变化的影响，故对农村民间金融组织的分析，不能脱离城市金融组织体系进行。而城市金融体系中，也同样存在着两个金融组织种群，即城市民间金融组织种群和城市官方金融组织种群。因此，理论上看本研究中涉及四个种群，它们之间的关系如图3—6所示。

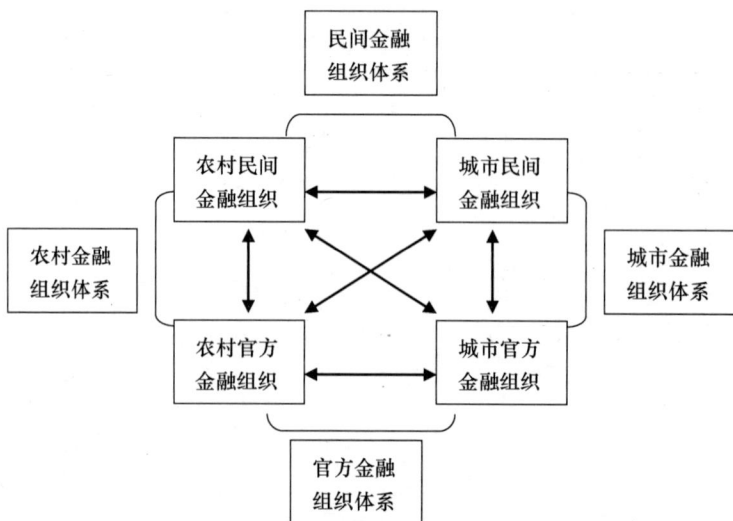

图3—6 四类金融组织的相互关系

三　农村民间金融组织发展历程中的冲突分析

1. 改革开放前的农村民间金融组织

民间金融组织在我国有着悠久的历史。事实上，直到清朝中前期，金融活动基本上等同于民间金融活动，无所谓官方金融与民间金融的区分。在19世纪末，"钱庄"、"票号"、"当铺"等都是常见的民间金融组织。其中，票号的出现，标志着民间金融组织进入了一个最为辉煌的时期。当时的票号号称"汇通天下"，连清政府都将大笔的官银交给票号汇兑、收存。光绪三十一年（1905），经财政处奏准，清政府在北京设立了"户部银行"，这是我国最早由官方开办的国家银行。由此，官方金融组织开始发展，并从票号那里收回了政府款项的汇兑业务，官方金融组织与民间金融组织的合作与冲突历程也由此展开。

到了民国时期，除了钱庄、票号、当铺等民间金融组织在福建、浙江、江苏等经济比较发达地区得到更为普遍发展外，现代农业金融运作也在这一时期开始了。民国时期的新型农村民间金融组织非常复杂，可分为四个层次：第一层次为银行，包括专业农民银行、商业银行以及省地方银行；第二层次为农民借贷所、合作金库；第三层次为合作社和农业仓库；第四层次为农业合作社下属的农业仓库，即有的农业仓库还在合作社之下。值得注意的是，由于政府机构的直接或间接参与，新型农村金融网络中渗入了浓厚的官方色彩，如各级政府都直接或间接办理过合作金库、合作社、农业仓库，还参与了各层机构的农贷。随着第一次世界大战爆发，帝国主义放松了对中国的侵略，中国本土的民营银行业利用这个时机有了很大的发展，最著名的就是"北四行"和"南三行"①，民营银行成为民间金融组织的主流形式。国民党政府统治时期，国家金融垄

---

①　"北四行"是北方的金融集团，即近代中国盐业银行、金城银行、大陆银行和中南银行四大银行的合称；"南三行"是南方的金融集团，即浙江兴业银行、浙江实业银行和上海商业储蓄银行三大银行的合称。

断严重，民营银行迅速衰落，官方金融组织逐渐占据了金融体系的主体地位。

新中国成立后，国家对金融业进行了改造和整顿。由于没有看到典当行存在的必要性，取缔了整个典当业。对于私营银钱业，采取了逐步改造的方针，先采取组建公私合营银行，再通过和平赎买的方式将银行和私营钱庄收归国有。至1953年，初步建立了国家垄断的金融体系，传统的民间金融组织基本绝迹。在这个阶段中，农村信用社一度扮演了农村民间金融组织的角色（贺雪娇，2007），但作为外部强制建立的金融机制，它忽视了借贷双方对利益的追求，特别是在1958年后，农村信用社领导管理权转移到政府部门，彻底失去了民间金融的性质，金融业也为国有金融机构所垄断。

总体来说，改革开放前，城市化程度还很低，金融组织的竞争主要集中于民间金融组织与官方金融组织之间。因此，农村民间金融组织种群与城市民间金融组织种群之间并不存在什么竞争和冲突，农村民间金融组织种群所面临的威胁与冲突更多的来自于城市官方金融组织，或者说是国家金融机构（因为此时金融机构主要在城市）。总体来说，农村民间金融组织的发展历程体现的是城市官方金融组织对农村民间金融组织的替代和压制，两个种群之间是一种竞争关系，存在着明显的利益冲突，冲突程度比较剧烈，冲突的功能有正有负，但正面的促进功能占主体。

2. 改革开放后的农村民间金融组织

（1）再生—发展。改革开放后，随着经济体制逐渐由计划经济向社会主义市场经济过渡，私营经济特别是农村中的乡镇企业不断发展壮大，但由于体制上的原因，它们往往被排除在正规信用渠道之外，融资非常困难。金融成为农村社会经济发展的瓶颈。

为了满足农村融资的需要，农村官方金融组织开始恢复与发展。1979年恢复了农业银行，1994年又创立了农业发展银行。这从某种程度上减轻了农村融资困难，但这些农村官方金融组织无法满足农村经济日益发展的需求。于是，一些传统的民间金融组织又重新活跃起来了，典当、各种呈会和地下钱庄等都较大规模地涌现出来。同时，一些具有新时代特征的农村民间金融组织如农村合作基金会、农村互助储金会和农村金融服务公司等也不断被创新出来。

事实上，农村民间金融组织的再生与发展，是以农村乡镇企业等民营经济为主体的旺盛企业信贷需求和以国有金融机构为主体的短缺金融供给之间严重的错位与不平衡的结果，是农村金融供需冲突的产物。可以说，正是农村经济发展强烈的金融需求和官方金融供给不足之间的冲突给农村民间金融组织提供了再生与发展的空间。以乡镇企业的融资为例，由于乡镇企业大多为中小型企业，受规模和人员素质的限制，或者基于成本的考虑，它们往往无法提供全面、准确、及时的财务信息，甚至财务制度都不健全。它们对资金的需求一般期限短、额度小、频率快，但由于征信体系的不健全，官方金融机构与中小企业之间的信息不对称问题比较突出，加上这类企业规模较小，没有足够的资本积累，很难向贷款机构提供足够的抵押和担保。官方金融机构出于风险的考虑，支持的对象往往是优质客户，中小企业的金融需求得不到官方金融机构的满足。而民间融资通过民间信用和亲朋好友的纽带与民营企业联系起来，借助亲缘和地缘优势能很好地掌握中小企业的信用状况，特殊的失信惩戒机制也比较有效，再加上其手续简单、便利，为民营和中小企业顺利成长起到了重要作用（刘丽君，2012）。

（2）兴盛—衰落。由于民间金融组织具有官方金融无法替代的功能和自己的优势，20世纪80年代，农村民间金融组织发展异常迅速，不仅参与的人数多，组织的规模大，而且融资的金额大，组织的类型多。然而，民间金融组织的弊端也是显而易见的。尽管从某种程度上讲，民间金融组织是降低融资交易成本的一种组织创新，但是由于民间金融组织依靠的是借贷者之间地缘、人缘关系的约束，当其规模逐渐扩大，慢慢超出熟人社会的范围，则借贷者之间就会出现信息极不对称。此时，如果借款者的收益高于断裂人缘、地缘关系所需要付出的成本时，违约就可能发生。由于缺少法律的制约和信息的规范化、透明化，如果借款人凭借高额利率对出借人进行诱惑，必要时断裂地缘、人缘关系，资金不经过生产流通渠道，最后携巨额现金私自脱逃或因其他原因无法偿还，民间金融风暴就会发生（史晋川、叶敏，2001）。随着民间金融组织的兴盛，这种风暴时有发生，并于 20 世纪 80 年代后期开始大规模爆发。1993 年以来，国家出于宏观经济形势的需要，对民间金融进行了清理和整顿。此后，为了规范民间金融组织的发展，防范金融风险，国务院于 1998 年 7 月颁布了《非法金融机构和非法金融业务活动取缔办法》，规定除部分小额信贷、不计息的亲友借款外，其他民间金融组织或者活动均属于非法，从而结束了民间金融的有组织状态。经过清理，不仅绝大多数农村地区中民间金融组织的数量、规模和类型大大减少，仅有的少量小规模民间金融组织也转入地下，城市中的民间金融组织也基本消亡。

（3）再度发展。在农村民间金融组织作为一个种群面临发展危机，受到重创的同时，农村的社会经济依然在发展前进（贺雪娇，2007）。但缺乏了民间金融的支撑，又无法获得官方金融的支持，其发展面临的融资困难更突出了。由于国有银行的金融规模凭借的是国家给其垄断的地位以及官方将金融设计为单一的融资体制、压制多样化资产的作用所形成的。因此国有银行的规模是外生的，并不是国有经济部门对其金融的支持以及国有经济部门自身孕育的。这样一种外生的国有银行对国有经济部门自然是进行"超经济"的支持，但农村的发展却得不到这种金融支持（史晋川、叶敏，2001）。融资困境中，农村民间金融组织再次悄然地萌芽生长。

改革开放后，农村民间金融组织几度风雨、几度兴衰。这一阶段，金融组织之间的矛盾和竞争主要体现在城乡之间。农村民间金融组织的发展历程还显示，农村民间金融组织的发展不仅取决于农村金融需求的发展，更受制于官方金融组织的发展。从理论上说，农村民间金融组织和农村官方金融组织共同满足农村金融需求，城市民间金融组织和城市官方金融组织共同满足城市金融需求。城乡官方金融组织之间会互相调配，城乡民间金融组织之间也应该互相支援。但事实上，农村发展对金融有着强烈的需求，而这一需求无法从农村民间金融组织和农村官方金融组织获得满足。由此抑制了农村的发展，反过来又降低了农村的金融需求。而金融需求之所以无法获得满足，很重要的一个原因在于改革开放后农村民间金融组织的迅速扩张和无序发展，虽然在一定程度上缓解了农村融资困难，但一个个"倒会风波"不仅对农村金融秩序造成严重破坏，影响了农村社会经济各方面的发展，还对整个国家的金融秩序和社会发展都产生了负面影响。因此，改革开放后农村民间金融组织种群与其他三个种群之间不仅有竞争关系、互补关系，也有共生关系；不仅有利益的冲突，也有利益的共享。

这一阶段农村民间金融组织与其他三个种群之间尽管有冲突但并不激烈，而且直接冲突不多。农村民间金融组织的衰落更多是由于自身的原因而引起的，而非与其他种群的冲突。农村官方金融组织的退出实际上是给予了农村民间金融组织更大的发展空间，而且，由于两者服务领域的差异和服务方式的特点，它们更多是一种互补关系。城乡金融组织之间的冲突比较明显则主要是因为农村官方金融组织多吸少贷甚至不贷导致农村资金向城市大量外流，促进了城市金融组织的发展，却对农村金融的供给造成了严重影响，限制了农村民间金融组织的发展。不过，就整体而言，冲突更多是促进了四个种群的健康发展，以正功能为主。

第四节　农村民间金融组织与组织合法性

马克斯·韦伯从考察人的行为及其赋予该行为以某种主观意义的动机入手，将人的行为分为四类：一是旨在实现合理功利预期的目的理性（purposerational）行为；二是以某种信念和价值为依归而无实用目的的价值理性（valuerational）行为；三是由感情与激情所决定的情感行为；四是由根深蒂固的传统所支配的传统行为。与这四类人的行为相对应，他提出了四种合法性秩序：一是法律型；二是价值型；三是情感型；四是传统型。他认为合法性就是促使人们服从某种命令的动机，任何群体服从统治者命令的可能性主要依据他们对统治系统的合法性是否信任，统治的合法性基础在于合法性信仰。在经验的基础上，他提炼出了三种合法性权威类型：一是基于"一向如此"惯性的传统型权威；二是以个人的"神性"与人格魅力为基础的"克里斯玛"（charisma）型权威；三是依据民主程序制定的规则而行使职权的法律型权威。在他看来，传统社会向现代社会的转变中，人们行为选择的倾向发生了转变：计较功利的目的理性行为取代了其他三种行为，成为主导行为模式。与此同时，统治的合法性基础也从其他形式转向了法律型（M. Weber, 1978）。

当然，韦伯的这种从复杂的人类生活中概括出来的合法性统治类型只是为了研究的需要，它并不是说某地域某一时期的统治类型只与三种合法性权威类型中的某一种"纯粹的"统治类型相吻合。实际上，"历史上曾经出现的统治形式都是这些纯粹形式的不同结合、混合、改制或修改"（马克斯·韦伯，1998）。

中国农村社会正经历着从传统到现代的变迁，在这种背景下的组织其合法性的具体形式更不能说是某种单一的形式，但从长远来看，合乎强制系统的法律性是组织合法性中的关键环节，根据韦伯的分析，这种合法性是以目的理性为主导的行为信仰和追求的结果。那么，农户民间借贷行为制度化的组织其合法性如何呢？

农村民间金融组织是农户民间借贷制度化的结构，组织成员自觉遵循的一套独特的共识性或强制性的行动逻辑规则和经验惯例保留了农户借贷的一般特征。首先，组织成员边界仍然是基于血缘、地缘关系，即使有其他形式的成员加入也必须有亲缘或地缘的担保确认，一般这种情况比较少见。组织成员之间彼此了解、相互信任，这是最重要的一个前提。其次，组织目标按照参与成员的观点是实现成员互助和资金融通，而且在这两个目标中互助性是首要的，农户间相互帮助的价值仍然是民间借贷的动机之一，从利率状况来看确实是维护了这一目标，互助性比营利性的比重要大。当然这也不否认组织成员对利益的追求，因为私人借贷一般是无息或低息的，而民间金融组织则有一定的利息，农户更愿意参与农村民间金融组织说明他们是在通过民间借贷组织实现一种助人和追求利益的最佳结合。另外，与农户民间借贷所不同的是，组织成员之间的规范关系、利益分配结构等制度化、规范化避免了在每次交易中需要重新博弈相互协商，使得资金规模和运作效益相比于农户借贷更为合理。而且互助性的农村民间金融组织运作规则设计简便易行、科学合理，以金融互助会为例，无论是"会"的发起，还是利息标准，保证了参与成员的利益最大化，并且这种运作规则是基于村庄人际信任的道德秩序之中，风险降到了最低，是一种十分合理的组织。

可以说，当前的农村民间金融组织在内部成员中已经获得了广泛价值和理性的双重认同，具备了组织理性。

同时，我们也必须注意到中国农村正处于一种前所未有的发展和社会转型时期，随着城乡二元结构的打破，人口流动的常规化和规范化，市场经济的全面介入，农村的社会结构、社会规范、社会生活正在发生变化。这会给农村民间组织的发展带来潜在的风险。从前面的分析中我们看到，其一，组织成员的范围基本都是限定在同村有血缘关系的群体中，但当人员流动频繁，外来人口加入进来，原有的基于同村中的村庄信任和道德约束将可能荡然无存，只剩下了以法律为基础的契约关系来维持组织成员之间的关系，这无疑会增加违约风险。其二，组织成员的动机方面值得严格地考察，当前农村民间金融组织成员有广泛的共识，组织运作的目的是帮助别人的同时谋取一定的经济效益，但如果组织成员边界扩大，参与者动机多元化、完全功利化将使得组织内部的合法性受到冲击，组织成员对组织目标的认同感下降，组织风险增加。其三，组织运作规则中职位结构、报酬结构和权威结构在组织成员同质性高、流动性小、资金规模有限的情况下可以发挥效率，当这些条件发生变化，尤其是在农业产业化大规模发展的情况下，现代管理理念、治理结构就相应地需要引入进来，以保证组织效率。

　　鉴于此，农村民间金融组织的定位应该主要限于互助性的小额信贷，监管重点相应放在加强对组织成员、动机、资金规模进行严格的管理，以保证互助性的农村民间金融组织能够嵌入当前农村社会的特点发挥效率。

第四章　基于村庄层面的农村民间金融组织

村庄不仅是一个特殊的场域，而且承载着中国悠久的历史文化传统，村庄内的居民经过长期的交往，形成了特定的人际交往形式、相互认同的行为准则和价值以及完备的监督机制。农村民间金融组织能够在村庄中得以发展，应该说是在经济活动和社会关系上嵌入了村庄。因此，村庄是一个很好地解读农村民间金融组织文化合法性的分析单位。本章将通过分析村庄环境，阐述农村民间金融组织是如何嵌入村庄，获得文化合法性的。

第一节　村庄环境

一　政治因素

政治环境主要是通过相关的政策法规和制度环境来对民间金融组织的发展产生影响的。民间金融与正规金融之间是此消彼长、互为补充的关系，因此，当国家实行积极宽松的金融政策，贷款的获得性较高，民间金融的规模就相对较小；而当国家实行严格控制的金融政策，贷款获得较难，民间金融的规模相对就较大。综观新中国成立以来历次民间金融风险，往往与国家金融政策紧密联系。1978 年中共十一届三中全会以后，出于发展市场经济，利用民间资金的需要，国家对农村经济政策放宽。此时期，随着农村联产承包责任制的实施，农户重新成为农村经济的主体，而农业银行、农村信用合作社却仍然以集体作为主要单位建立账户，根本无法满足众多分散农户多样化的借贷需求。正是在这个时期，各种民间金融组织开始在民间变得格外活跃，尤其是 1985 年中央一号文件专门提出放宽民间金融政策，适当发展民间信用。这无疑是给了民间金融市场一个强烈的信号，民间金融组织在这段时间达到了一个非常兴盛的时期。这一时期，乡镇企业和农村第二、第三产业都有了较大发展，非农产业逐渐转变为农村经济新的增长点。非农产业相比于农业生产，它对资金的需求规模更大、周期更长，这更进一步激发了民间金融组织的发展。于是，在 20 世纪 80 年代后期，民间金融组织开始从经济发达的东部地区逐步延伸到经济欠发达的中部地区甚至是经济落后的西部地区，并且组织的形式越来越具有多样性，组织的规模越来越大，对农村社会经济发展的影响越来越大，尤其是对农村金融的影响。

随着农村民间金融组织的盛行，其内在缺陷在组织规模扩大后开始暴露出来。20 世纪 80 年代后期，随着温州等地相继爆发"会案"，各地出现了程度不一的农村民间金融波动即"倒会事件"，国家和地方政府对民间金融加强了控制和管理，特别是 1993 年以来由于国家宏观形势趋于控制通货膨胀、稳定经济增长，以及对货币流通量的控制加强，对民间金融进行了清理和整顿，明确规定农村合作基金会不属于金融机构，不得办理存、贷款业务，要真正办成社区内的资金互助组织。1996 年，国务院又出台了《关于农村金融体制改革的决定》，在对农村合作基金会在增加农业投入，缓解农民生产资金短缺的积极作用进行肯定的同时，明确指出要按国家的有关规定对农村合作基金会进行清理整顿，要求农村合作基金会必须立即停止以招股名义吸收存款，停止办理贷款业务；凡是已开办存贷款业务，实际上已经成为金融机构的，可并入现有的农村信用社，也可另设农村信用社；没有存贷款业务，或者已开办存贷款业务，但不具备转为农村信用合作社条件的，要办成真正的农村合作基金会（宋宏谋，2002）。1999 年 1 月，国务院发布 3 号文件，正式宣布全国统一取缔农村合作基金会。在这种政策法规和制度环境下，不仅农村合作基金会被取缔，各种形式的民间金融组织都被冠以"非法"之名，受到了打击，民间金融组织开始走向衰退。

近几年，随着国家政策放宽，尤其是2004年以来，中共中央连续颁布了九个针对"三农"问题的一号文件，几乎每个一号文件都提出要改革我国的农村金融体系，建立适应农村金融需求的金融体系。其中，2006年明确提出了"降低农村金融进入门槛、发展多元化农村金融制度"；2009年要求"增强农村金融服务能力、加快发展多种形式新型农村金融组织"；2010年提出"加快培育村镇银行、贷款公司、农村资金互助社，有序发展小额贷款组织，引导社会资金投资设立适应'三农'需要的各类新型金融组织"。伴随着政策的不断调整和放松，民间金融又开始兴盛起来。

由改革开放三十多年来农村民间金融组织的发展变迁历史可见，国家政策在民间金融组织的发展中起着直接而重要的作用。

二 经济因素

经济决定金融。农业与农村经济是国民经济的重要组成部分，其发展状况决定着农村金融的发展水平。农村民间金融组织是为解决农村经济主体对生产与生活的资金需求而自发形成的，因此，不同历史阶段的农村民间金融组织活跃程度、组织规模和活动范围等都与该时期的农村经济体制背景与经济金融发展状况紧密相连。从改革开放三十多年农村民间金融组织的发展历史来看，不仅深受政治环境的影响，而且与农村经济的发展紧密相关。十一届三中全会以后，农村经济迅速发展，1979—1984年，农业年均增长速度达到9.4%。家庭联产承包责任制的实施，不仅极大地调动了农民的生产积极性，而且使农户成为农业生产的基本单位，从而也成为农村借贷的基本单位。与此同时，农村民营经济迅速发展。迅猛发展的民营经济生产经营所需要的资金缺口非常大，而国家金融的"挤出效应"和民间金融的"替代效应"使其融资需要无法得到满足。由于国家金融对民营经济实施强硬的预算约束政策，一般不向中小民营企业发放贷款，基本上无法为民营经济的发展解决融资问题；而农村经济的发展使农村民间资金市场比较充沛，民间信用活跃，尤其是银行的存款利率远低于民间利率，这使得很多民间资本游离于正规金融之外，在这种情况下，民营企业必然倾向于从民间资本市场寻求发展所需要的资金。民间金融组织这种传统的民间集资方式为他们提供了很好的选择，他们可以自己组织"会"筹措资金，也可以向经营"会"的会主们直接借贷。

但当商品经济在经历了多年的发展后，市场体制日益成熟，经济转轨也已经基本到位，市场比较平稳，商机减少，资本的回报率开始下降。从资金需求方来看，一方面，投资所带来的回报下降（李伟，2004）；另一方面，经过了一段时间的经营积累，企业和个体经营者的自有资本增加，资金缺口变小，从而使得对于外界资金的需求减少。从资金供给方来说，在国有金融方面，银行实施了积极的改革，放宽了限制，对民营经济的贷款增多，工作效率也有了很大的提高；在民间金融方面，一方面资本走向发生了变化，民间资本的输出渠道增加了，人们把资金投到回报率更高的领域，另一方面经营民间金融组织和加入民间金融组织的风险加大（尤其各地连续发生倒会事件之后），而资金的回报率大大降低，月息一般在1%以内。此外，民间的信用形式也发生了变化，直接借贷占据了主导地位，也对农村民间金融组织产生了挤压。在这些经济因素的共同作用下，民间金融组织的规模和活动范围都出现了萎缩现象，影响较之20世纪80年代中期小。可见农村经济发展需求直接影响着农村民间金融组织的发展。

三　历史文化环境

农村民间金融组织的发展，从宏观环境考察，除了与政治环境、经济因素直接相关之外，也与历史文化环境有着密切的关系。功利学派思想与地方小传统结合培育了人们的自主创新意识；历史传统保留了人们广为接受的民间金融组织形式；村庄中共同认可的价值原则和道德原则维系了民间信用的基础。

在中国哲学和社会思想史上，有一个很有特色的学派，即浙（江）东（部）功利主义学派。这个学派是由两个具有相同思想的分支组成的，即由同样都来源于浙江的永嘉学派和永康学派所组成。浙东功利主义学派的核心在于极力主张功利主义和经世实用之学，反对儒家学说的只重义而不讲利的观点，特别反对以朱熹为代表的道学（即理学）。这两个学派都主张自由经济思想，反对政府干预民间经济活动，呼吁政府允许并保护私人根据其"好利"之心从事各种经济活动（叶适，1961；陈亮，1974）。作为浙东功利主义学派的代表人物，叶适就是出生于浙江省温州地区的永嘉县，而陈亮则是浙江省金华地区永康县人。由此可见，"合会"等民间金融组织在这一地区的出现与发展并不是偶然的（胡必亮，2004）。

在城乡二元经济结构中，农村保持着相对封闭的状态，悠久的文化历史在村庄中得以更多的保留。梁漱溟先生曾说过："中国社会是以乡村为基础的、并以乡村为主体的；所以文化，多半是从乡村而来，又为乡村而设，法制、礼俗、工商业等无不如是"（梁漱溟，1992）。民间信用在中国民间金融领域有着悠久的历史传统。中国作为一个文明古国，信用活动很早就产生了。从西周时期到新中国建立前，民间信用一直在不断发展变化，主要形式包括友情借贷、高利贷和商业信用。早在清初，旧式的民间金融机构如"钱庄"、"票号"、"当铺"、"民营银行"等都已经十分活跃。在浙江温州等中国很多地区，"会"的存在已经有数百年之久，是一种传统的民间经济互助组织。这一民俗主要是为了应对一些如婚嫁丧葬、天灾人祸、房屋建造等所产生的一时的经济拮据，如"父母会"，完全是为父母治丧而由若干邻居和亲友拼凑形成的"会"。聚会者中有父母逝世的，其他聚者按原来商定、共同认可的基数付款给有父母逝世的聚会者（杨志林，2002）。解放以后，国家虽然对私营金融业实施了改造、取消商业信用和打击民间高利贷等一系列政策，但是"会"一直以"地下"的形式在温州等地长期存在着。正是有了这种长期积累的底蕴和农村民间金融组织形式的长期保存，为后来农村民间金融组织的兴盛奠定了良好的基础和提供了可参照的操作模式，才使它的兴盛成为可能（杜伟，2008）。

村庄是传统乡土社会中一个非常特殊的群落，内嵌着该地域内人民的共同价值传统和行为准则。在中国传统文化中，对关系与情感尤为重视，源自一种文化的积淀。建立在亲友与熟人之间的深度互动是民间信用得以维系的重要保证。信用交易者之间的关系之所以得以维持，靠的是伦理和道德的力量而不是契约。常常体现为"族规"、"家规"、"行规"等方面的道德风俗对信用交易者具有极强的教化作用，是人们必须遵守的"游戏规则"。这种文化影响一方面表现为强烈的群体意识、根深蒂固的人情观念和悠久的信用文化，另一方面在沿江沿海等地也表现出一种重商意识、投资经营意识和厚重的实利主义（秦援晋，2010）。根深蒂固的人情观念使得民间金融组织得以长期的维系。中国人非常讲"人情"，重视人情上的往来，并热衷于编织各种"人情网"和"关系网"以作为实现自身发展的可利用资源。在很多中国人看来，民间金融组织是人情往来的一种方式，这次你需要支持，我帮助了你，下次我有事情，你也要帮助我，所谓"人情有来有往"。悠久的信用文化减少了人们对于民间金融组织风险的担心，"有借有还，再借不难"是很多地区民间流行的俗语，非常形象地描绘出操纵信用的这只"看不见的手"（张震宇，2002）。因为中国农村的民间信用活动深刻地嵌入特定的社区，对社区的其他社会关系存在依附性，即限制在"熟人社会"的有限范围内（张震宇，2004），而在这样的社会里，一旦丧失信用，消息极易传播，将付出巨大的社会成本，由此形成民间借贷的自我约束机制。正因为农村民间金融组织及其参与者融入了作为中国文化根基的村庄之中，因此，不管是民间金融组织本身，还是参与其中的村民，都因中国传统文化而成为值得信任的人和组织。可以说，农村民间金融组织的出现与发展不仅是一个经济现象，更是一个文化、社会与历史现象（樊柯，2010）。作为一种文化习俗，它深深地扎根于村庄。历史文化环境是农村民间金融组织赖以存在的基础所在。

由此我们可以看出，历史延续下来的浙江功利学派思想与地方小传统有机结合培育了人们的自由经济思想和自主创新意识。人们改造了历史传统保留下来并广为接受的民间金融组织形式，创造了新的金融组织形式。这种组织形式的运作受到了村庄中积淀下来的道德原则的约束，使得民间信用植根于受价值原则和道德原则约束的社会关系之中，民间金融组织嵌入村庄具备了文化合法性。

第二节　农村民间金融组织环境与组织合法性

如白钦先所指出的，中国的"三农"问题既突出又特殊，因为它聚合交织了四个影响国家全局性发展稳定的强位弱势群体，其中，强位指其地位、作用与影响是重大的、全局性和战略性的，不容忽视；弱势是指其处于相对或绝对的不利地位、弱势地位，在竞争中处于劣势，需要政府、社会与公众的支持与援助。聚合交织于中国"三农"问题的四个强位弱势群体分别是：（1）农业是一个强位弱势产业群体，其强位表现为农业是人类生存、延续与发展的基础，是国民经济的基础，其弱势则体现于农业受自然力与环境影响巨大，物质再生产与环境再生产相统一而且高风险率与低累积率并存，是一个弱质性产业；（2）农民是一个典型的强位弱势群体，其强位表现为占据人口的多数，农民问题是中国的根本问题，其弱势在于由于城乡二元体制的存在，农民问题同样是一个尖锐的社会问题；（3）农村经济以中小企业（工业、商业、金融业与服务业）和个体经济（主要是农业）为主体，农村中小企业与个体经济占据中国中小企业与个体经济的主体，但却因规模不经济、竞争力弱、技术水平相对较低，在发展中融资困难，因而成为强位弱势群体；（4）全国中小金融机构90%以上在农村，它们数量大，但却规模小，资本与资金实力弱，高分散，管理差，问题多、风险大，难以支撑农村经济与社会发展的重任，因而成为中国金融体系中的强位弱势群体。农业金融作为金融中的强位弱势群体，对"三农"问题的解决至关重要。农业金融不稳，中国"三农"问题解决无望（白钦先，2004）。

民间金融组织作为农村金融的重要组成，对农村社会经济的发展意义重大。从前述对农村民间金融组织环境的分析可见，农村民间金融组织嵌入村庄，在宏观环境上获取政府的认可是其合法性的关键，经济的内在需求是其存在的根基，历史文化则为其孕育了民间信用的土壤。

从组织和政府的角度来看，合法性应该是一个双向的过程。一方面如同韦伯所说，政府为了实现有效的统治，需要获得社会成员的服从和拥护，因此它会采取种种理性化的行动来使统治合法化。在现代社会，政府的合法性资源既不是靠传统、个人魅力来提供，也不是靠政府自己来提供，而是来自广大民众的支持，所以政府合法性的基础是民众对制度的认可。政府的"合法性"是由包括各种民间金融组织在内的社会提供的，因此民间金融组织是政府合法性的来源之一。另一方面，民间金融组织也要努力获得政府的同意和支持，才能实现自己的目标。我们应该在其合法性来源上改变单纯遵从政治选择模式，单纯依靠国家资源运转的局面，通过扩大对社会选择的遵从程度，提高对所属阶层或利益群体的代表程度和对社会资源的集聚能力来重塑其合法性基础，进而达到向经济社会变革所带来的新生社会空间扩展影响力的效果（张瑞玲，2010）。

但是目前，国内实行的能够有效制约民间金融组织力量的法制体系尚不十分完备，没有一部完备的民间金融组织管理法律，只有《资金互助社暂行管理条例》、《小额贷款公司暂行管理条例》和《村庄银行暂行管理条例》，而这些基本都是在官方推动下的新型农村金融机构，并非完全是从民间内生出来的农村金融组织。因此，在没有有效约束的情况下，国家一方面对其成长有戒备心理；另一方面，民间金融组织的发展也存在合法性的生存空间问题。这极大地制约了民间金融组织充分发展的可能（杜伟，2008）。

从组织与经济的关系来看，民间金融组织的合法性问题实质是一个组织理性的问题。如果特定的金融组织形式能够很好地实现金融组织目标，实现经济发展对融资的需求，那么这种组织就是合理的。基于这种假设，我们可以发现各种官方的农村金融组织对农村经济发展的支持状况实际是一种供不应求的状况，尤其是农村中小企业和广大农户的融资需求，几乎不能从官方金融机构获得有效的支持。在这种情况下，民间金融组织则主要针对官方融资难的中小企业和农户进行资金融通，有效地实现了其资金需求，促进了经济发展，这正是民间金融组织得以存在并发展的根基。

这里值得追问的是，如果官方金融组织及时弥补目标定位上的缺陷与失误，针对农村中小企业和农户小额贷款提供服务，那么农村民间金融组织是否会消失或者退出农村金融市场？这里涉及组织效率和评判依据问题。在市场竞争的博弈中，只有更具效率的组织才能在优胜劣汰中胜出。但政府也要考虑社会公平，为弱势群体对社会资源的集聚能力创造空间，让所属阶层和相关利益群体对其运作效率予以评判，尤其是考虑最广大基层群众对其选择意向。这一点已在第三章和本章的上述内容中进行了详细论述。

从组织与历史文化传统的关系来看，历史延续下来的浙江功利学派思想与地方小传统有机结合培育了人们的自由经济思想和自主创新意识。人们改造了历史传统保留下来广为接受的民间金融组织形式，创造了新的金融组织形式。这种组织形式的运作受到了村庄中积淀下来的道德原则的约束，使得民间信用植根于受价值原则和道德原则约束的社会关系之中，民间金融组织嵌入村庄具备了文化合法性。

因此，我们说农村民间金融组织是一种传统的延续，合乎农村社会环境。

第五章　研究结论与建议

本研究运用社会学理论与方法对湖北和浙江两地的农村民间金融组织进行了实证研究。以下从农村民间金融组织的总体发展状况，不同经济发展水平下农村民间金融组织的发展以及农村民间金融组织的组织合法性解读三个方面进行总结，在此基础上，针对农村民间金融组织的引导与管理、发展与完善提出对策建议。

第一节　研究结论

一　农村民间金融组织现状

作为典型的非正式金融制度，各式各样的农村民间金融组织在湖北和浙江的出现与发展不仅仅是一个经济现象，更多的是一个综合性的文化、社会、历史现象。作为一种习俗，它的根基已经深深扎到这一地区的整个社会系统之中。国家正式金融制度在农村的低效运行乃至缺失只不过在一定程度上更加坚定了农民在金融制度方面根据自己的实际情况做出自己的选择的决心与信念。因此，我们认为，民间金融的发展至少在中国农村地区可以说是大势所趋，不可阻挡（胡必亮，2010）。

1. 农户层面的农村民间金融组织借贷行为特点

农户的民间借贷行为不仅是一种经济行为，而且也是一种社会行为，即农户参与民间组织借贷过程中的行为并不完全以市场交换为准则，也不完全是理性选择的结果，传统的人情关系、伦理道德、风俗习惯仍然起着协调作用。农户层面的农村民间金融组织借贷行为具有以下几个特点：

第一，互助性私人借贷行为和金融互助会都是基于人际间的信任，是处于一个要求人们进行重复博弈的群体之中发生的。因此，资金互助行为是一种对称行为。无论是互助性私人借贷，还是金融互助会都是发生在熟人之间，彼此之间的信任是发生的前提。人们重视参与者都熟悉的社会群体中的成员对自己的评价，正因如此，个人信用被赋予了很高的价值。借贷行为或应会中的无息或低息、不设置借贷期限、互助性私人借贷简单的程序都是表现信任的方式，也有利于提高自己在这个圈子里的声望。正是因为资金互助行为发生在这个群体的成员之间，不可能是一次性博弈，而是重复博弈，所以资金互助行为的风险不大。同时需要指出的是这种重复博弈不仅是发生在当事人之间，也发生在更大的范围内——当事人都关联的社会群体，而且，这种博弈不是基于契约关系，而是人际关系。也正因如此，互助性私人借贷行为是一种对称行为，要"有取有予"，而不能一味地"只取不予"。

第二，对私人借贷中的借方和"会主"而言，它是对社会资本的使用，对私人借贷中的贷方和"会脚"而言，是社会资本的积累。此外，互助性私人借贷行为是一种应急性行为，而不是一种储备性行为。资金互助行为对资金需求者而言，是社会资本的使用，对资金提供者而言，是一种积累社会资本的行为。但人们不会轻易地使用这种社会资本，因为这种社会资本的使用意味着一个"彼消此长"的过程——贷方资金的获得，意味着借方资金的减少。人们还需考虑的是在将来当对方使用现在积累的社会资本的时候，是否有能力提供相应的帮助作为偿还。所以，人们一般是在资金需求比较紧急的情况下，才选择互助性的私人借贷。

第三，资金互助行为是一种人格化交易行为，物质报酬在资金互助行为中扮演着次要的角色，获得好的名声充当了主要的报酬形式，而物质报酬在一定程度上起着减少对帮助提供者感激的作用。无论是从参与的动机还是参与的结果来看，物质报酬都没有在两种资金互助行为中扮演主角，帮助的提供者得到更多的是对方的感激和信任，以及在他们都涉及的社会网络中更多人的信任。物质报酬被帮助者用来减少对帮助提供者的感激，在一定程度上减轻了所欠的"人情"。资金互助行为不是一种纯粹的经济行为，而是一种人格化的交易行为。

第四，资金互助行为是一种可预测性高的行为，可预测性来自于信息的对称性和舆论的强大力量。资金互助行为的高可预测性特点，人们可以预测其他参与者的行为，相信投机行为发生的可能性小，这有效地保证了资金互助行为的顺利进行。而这种可预测性来自于参与者彼此之间的了解，这也能解释为什么多数资金互助行为发生在经常来往的个体之间。经常的来往有利于对对方信息的把握。此外，可预测性还来源于人们赋予周围舆论以重要意义，正因为参与者都涉及的社会群体中的他人评价对参与者有重大的影响，人们会尽力避免受这种舆论的谴责，并试图获得他人的好评。

2. 组织层面的农村民间金融组织状况

农村民间金融组织是农户民间借贷制度化的结构，组织成员自觉遵循的一套独特的共识性或强制性的行动逻辑规则和经验惯例即组织理性，不仅保留了农户借贷的一般特征，而且是对历史上流传下来的广为接受的民间金融组织形式在新的历史时期的一种创新。

（1）农村民间金融组织的特点。从组织理性角度看，农村民间金融组织具有以下三个特点：

第一，组织成员边界仍然是基于血缘、地缘关系，即使有其他形式的成员加入，也必须有亲缘或地缘的担保确认，一般这种情况比较少见。组织成员之间彼此了解、相互信任，这是最重要的一个前提。第二，组织目标按照参与成员的观点是实现成员互助和资金融通，而且在这两个目标中互助性是首要的，农户的相互帮助的价值仍然是组织形成的主要目的之一，从利率状况来看确实是维护了这一目标。当然，这也不否认组织成员对利益的追求，因为私人借贷一般是无息或低息的，而民间金融组织则有一定的利息，农户愿意参与农村民间金融组织说明他们是在通过民间借贷组织实现一种助人和追求利益的最佳结合。第三，与农户民间借贷所不同的是，组织成员之间的规范关系、利益分配结构等的制度化、规范化避免了在每次交易中需要重新博弈相互协商，使得资金规模和运作效益相比于农户借贷更为合理。而且互助性的农村民间金融组织运作规则设计简便易行、科学合理，以金融互助会为例，无论是会的发起，还是利息标准，保证了参与成员的利益最大化，并且这种运作规则是基于村庄人际信任的道德秩序之中，风险降到了最低，是一种十分合理的组织。

（2）农村民间金融组织的理想类型。农村民间金融组织发展模式多种多样，由于国家政策的限制长期处于半公开化或完全不公开的状态，这给研究和管理都增加了一定的难度。借助理想类型的工具我们将调研地所观察到的农村民间金融组织模式进行类型化。从组织化和规范化两个维度，将农村民间金融组织进行类型化。具体可以划分为以下四种：

第一种是"双低"组织（低组织化、低规范化），典型代表是亲友集资的准组织。这种组织在民间广泛存在，目前主要有互助借贷、直接借贷和间接借贷三种形式。第二种和第三种分别是高组织化、低规范化的组织和高规范化、低组织化的组织，后一种在理论上存在，但在实际的调查中却并未发现，因而此处只讨论前一种组织即高组织化、低规范化的组织，典型代表就是民间金融会。最后一种是高组织化、高规范化的组织，目前主要有农户资金互助会、社区性合作金融组织、专业性合作金融组织、区域性农业银行及小额贷款公司等具体形式。

（3）农村民间金融组织种群冲突历程。组织冲突关系着组织的生存空间，我们把农村民间金融组织作为一个种群，从冲突理论视角分析农村民间金融组织发展变迁历程中与其他组织种群的关系。研究发现：第一，改革开放前，金融组织的竞争主要集中于民间金融组织与官方金融组织之间。由于经济发展水平不高，农村民间金融组织种群与城市民间金融组织种群之间并不存在什么竞争和冲突。第二，从改革开放至20世纪90年代初，农村民间金融组织处于再生与发展时期，以农村乡镇企业等民营经济为主体的企业信贷需求旺盛，但以国有金融机构为主体的金融供给之间严重的错位与不平衡，促使农村金融机构再度蓬勃发展，此时农村民间金融组织是一种互补关系。第三，20世纪90年代以后，国家出于规范民间金融组织的发展和防范金融风险的考虑，对民间金融组织进行清理，不仅绝大多数农村地区中民间金融组织的数量、规模和类型大大减少，仅有的少量小规模民间金融组织也转入地下，城市中的民间金融组织也基本消亡。但农村的社会经济在既无民间金融支撑，又难获得官方金融的支持情形下依然在发展前进，农村民间金融组织再次悄然地萌芽生长，此时农村民间金融组织与官方金融组织存在竞争关系。农村民间金融组织几度兴衰，金融组织之间的矛盾和竞争主要体现在城乡之间。正是在这种由互补到竞争的演变中，促进了金融组织体系的健全与完善。

二 不同经济水平地区农村民间金融组织比较

1. 总体发展差异：湖北以民间借贷的准组织为主，浙江以金融互助会和民间借贷的准组织并存为特点

农村民间金融组织存在模式差异与地域差异的相关性。经济发展相对落后的湖北地区以组织化规范化程度均低的亲友集资、互助借贷和私人借贷的准组织为主要发展模式，经济发展水平较高的浙江地区则出现以亲友集资的准组织和组织化较高规范化较低的民间金融组织并存的格局。

这可以通过农村民间金融组织与当地经济、政治的关系进行解释。在浙江地区，它之所以能成为全国民间金融组织和民营经济发展的典型，主要是因为民间金融组织的发展符合民营企业的利益，而民营企业的发展符合地方政府的利益。同时，民间金融组织的发展并未对官方金融组织构成威胁，至少还没有力量与其相抗衡，因此对民间金融组织的发展，地方政府采取了默认态度，这就使其获得了与其他地区相比更为宽松的发展环境。同样，尽管传统的呈会、地下钱庄等组织形式不断衰落，但小额信贷等新型组织形式正在发展。在湖北地区则是另一种局面，农村经济以传统农业和订单

农业并存，但传统农业占主导的发展模式。订单农业一般可以比较容易从官方金融机构获得资金，但作为基本经济单元的农户数量众多、规模小、布局分散，对资金的需求多以小额贷款为主，这一类型的融资需求无法从官方获得满足，因此农户只能转向民间资本，依靠社会资本本地知识和软信息向亲友寻求资助。在这种情况下，互助性的借贷行为更为频繁。由于农业产业化的发展限制，农户的组织程度相对较低，因为形成组织化的金融组织的内在动力不足，民间金融组织以私人性的小额互助借贷的准组织为主就不难理解了。

由于不同地区的农村民间金融组织的发展模式的内部同质性较高，湖北以私人借贷的准组织为主，浙江以金融互助会和私人借贷并存为特点，在这里比较不同地区的农村民间金融组织就变成了比较不同模式的民间金融组织。

2. 具体模式的比较：民间借贷的准组织和民间金融会、正规金融与资金互助、资金互助方式与其他互助方式

第一，互助性私人借贷和金融互助会的比较。调查结果表明，亲友集资的准组织在湖北和浙江普遍存在，金融互助会则是浙江地区农村居民最重要的资金互助方式。它们各有优势，亲友集资的准组织的优势主要体现在对资金需求的满足程度上，而金融互助会的优势体现在"会金"可被多人轮流使用。

第二，正规金融与资金互助的比较。从经济学的视角看，浙江和湖北地区农村居民更加倾向于通过资金互助方式融资，这是正规金融的制度设置和资金互助的优势共同决定的。正规金融机构为降低借贷风险而要求贷方提供担保人或抵押品，以及设置烦琐的贷款程序成为人们向正规金融机构贷款的主要困难，相比之下，互助性的非正规融资方式不需要抵押品和烦琐的手续，加之其灵活性，使得人们更倾向于通过资金互助方式进行融资以满足资金需求。即使结合贷款利率来看，正规融资渠道也并不占优势。显然，通过资金互助方式进行融资，其成本要低于向正规金融机构贷款，其效率要高于正规金融机构。调查进一步证明，即使人们能够顺利地从正规

金融机构获得资金，大多数人还会选择互助性私人借贷。

第三，调查中的资金互助方式与其他互助方式的比较。从调查结果来看，在浙江和湖北地区，互助性的私人借贷和金融互助会这两种古老的传统的互助方式是农村居民之间资金互助的主要方式。在行动理论看来，这是由于人们的互动当中会产生出一些固定的模式，行动是具有沉积性的，互助性私人借贷和金融互助会已经成为固定的模式，而其他资金互助方式则缺乏这样的传统。从实证资料来看，这两种方式相比于其他资金互助方式，有着独特的优势，主要体现在两个方面：一是交易成本小，且方便、灵活、形式简单，这利于资金互助行为的发生，也比较符合农村居民资金需求的多样性；二是周围舆论的制约力强，在这两种互助形式中，人们会考虑到自己在群体中的名声，从而减少了投机行为的发生，保证了交易的安全性。

三 农村民间金融组织与组织合法性

组织与环境发生关联的一个重要的方式就是合法性机制。本文综合了马克斯·韦伯、帕森斯以及新制度主义学派的观点，将组织合法性综合成一个多维体系，即认知系统的表意合法性、强制系统的制度合法性和文化系统的规范合法性，然后结合民间金融组织所处村庄这个特殊场域，解读当下农村民间金融组织的合法性。

1. 表意合法性

认知系统的表意合法性指民间金融组织符合某种社会认可的正当性而赢得了一些民众的、群体的承认乃至参与（邵华，2007），合乎农村居民最迫切的需求、获得了普通群众的广泛的正当性。这种正当性表现在合乎融资需求、合乎农户互助价值、合乎农户的行为文化三个方面。

在农户融资需求方面，由于农村经济的发展，尤其是中小企业发展的带动，农户的融资需求较强，但官方获取资金无法满足农户的需求。因而，农户自发形成的民间借贷作为一种有效的融资方式，在满足农户实际的资金需求上获得了农户的认可与参与。

在合乎互助的价值需求上，农村中乡邻之间的互帮互助在传统的乡土社会是一种十分普遍的现象，而且几乎是一种共同认可、追求的价值原则。随着经济的发展，由于广泛融资途径远远不能满足农户资金需求，很多农户限于生活和发展的困境，尤其是亲戚、乡邻之间的这种困境使得农户处于一种相互帮助的价值压力之中，因而希望寻求一种既能满足资金需求，又能实现帮助亲戚乡邻的方式，农户民间借贷和民间金融组织中的互助借贷正是契合了当下农户的这种社会心理。

从农户的社会行为文化而言，村民的人际交往和信任仍然遵循着费孝通先生所说社会道德"差序格局"，因而农户之间的借贷行为和民间金融组织中的借贷是建立在村庄信任的基础上，社会道德的约束力量使得其违约的风险降到了最低，农村民间金融组织嵌入了村庄场域中特有的人际交往原则和道德原则中，从而获得了认知系统的表意合法性。

2. 制度合法性

强制系统的制度合法性指民间金融组织合乎效率，符合制度规范和法律，为一些重要的意见领袖和政府所认可。

从民间金融组织的组织理性角度而言，农村民间金融组织运作规则设计简便易行、科学合理，以金融互助会为例，无论是会的发起，还是利息标准，保证了参与成员的利益最大化，并且这种运作规则是嵌入村庄人际信任的道德秩序之中，风险降到了最低，是一种十分合理的组织。

从组织与政府的关系来看，政府的同意和支持能够有助于金融组织实现自己的目标。我们应该在其合法性来源上改变现有的单纯遵从政治选择模式，单纯依靠国家资源运转的局面，通过扩大对社会选择的遵从程度，提高对所属阶层或利益群体的代表程度和对社会资源的集聚能力来重塑其合法性基础，进而达到向经济社会变革所带来的新生社会空间扩展影响力的效果（邵华，2007）。但是目前，国内对民间金融组织力量实行有效制约的法制体系尚不十分完备，没有一部完备的民间金融组织管理法律，政府的金融管理当局及法律部门应尽快开始制定中国的民间金融法，使之做到有法可依。我们在村里调查时，不少村民都提出了这样的要求（胡必亮，2004）。

3. 文化合法性

文化系统的规范合法性指民间金融组织嵌入村庄共同体中，合乎当地居民在长期的共同生活中形成的共同认可的道德原则和行为准则，为习俗与传统等认可。

从组织与历史文化传统的关系来看，历史延续下来的浙江功利学派思想与地方小传统有机结合培育了人们的自由经济思想和自主创新意识。浙江的永嘉学派和永康学派都主张自由经济思想，反对政府干预民间经济活动，呼吁政府允许并保护私人根据其"好利"之心从事各种经济活动（叶适，1961；陈亮，1974）。可见温州模式的出现和"合会"等民间金融组织在这一地区的出现与发展并不是偶然的。

在地方的历史传统中，诸多的民间金融组织形式都被当成了一种地方的风俗，人们改造了历史传统保留下来并广为接受的民间金融组织形式，创造了新的现行的农村民间金融组织形式。这种组织形式的运作受到了村庄中积淀下来的道德原则的约束，使得民间信用植根于受价值原则和道德原则约束的社会关系之中，民间金融组织嵌入村庄具备了文化合法性。

因此，我们说农村民间金融组织是一种传统的延续，合乎农村社会环境。

第二节　对策建议

本研究所体现的政策含义非常明显，对于政府及其社会各界在如何看待与定位、如何引导和规范、管理和健全民间金融组织有着较大的启发性。

一　如何看待农村民间金融组织——鼓励中约束

农村民间金融组织是否应该存在于我国农村地区，学界的看法一直都不统一。一部分学者坚持认为对一切民间金融组织都要依法取缔、打压，另一部分学者则认为对于农村民间金融组织的不同类型应该区别对待，对于互助性的民间金融组织要给予支持。我国政府长期以来深受第一种观点的影响，对于各种民间金融组织完全不加区分地进行打压，结果导致无论是带有互助性质的各种"会"还是具有较强剥削性的高利贷都屡屡受到强制性的打击或取缔。但多年来的打压与取缔却收效甚微，农村民间金融组织不但没有消失，近年来还呈上升的态势。因此，政府应该改变态度，重新认识民间金融组织。

1. 农村民间金融组织获得了农民、农村和农业的事实合法性

像湖北省和浙江省普遍存在的互助借贷和浙江省这样的金融互助会应该说是真正的农村和农民的合作金融。因此，政府应该承认其合法的法律地位，不仅要允许其存在，而且还要以积极支持和鼓励的态度促其发展（杜伟，2008）。

事实上，即使政府不允许这些民间借贷行为，甚至将其定性为非法，钱会还是会照常经营的，只不过更隐蔽一些罢了。可以说，这类民间金融组织之所以存在是因为具备了事实的合法性：其一，从农户认知系统的表意合法性看，农村民间金融组织的运作合乎农村融资需求、合乎农户互助价值、合乎农户行为文化。其二，从强制系统的制度合法性看，其组织运作规则设计简便易行、科学合理，保证了参与成员互助合作和利益最大化"两全其美"。它既体现了经济效率，也融入了文化因素。因此，这是一种很有竞争力的金融制度。比如说，通过对资金的使用利息进行投标，既突出了利息在民间资本市场上的重要性，也体现了"以人为本"、区别对待的原则。其三，从文化系统的规范合法性看，这类组织嵌入村庄共同体中，其运作是建立在当地居民在长期的共同生活中形成的共同认可的道德原则和行为准则之上。在中国乡村社会，由于宗族、村

庄共同体的存在，乡村的市场化程度不高，村民的社会流动性较小，加上金融互助会的参与者多为本村村民及其亲戚朋友，金融互助会的目的也主要以生活消费为主，规模不大。因此，它的风险是非常有限的。简言之，互助借贷和金融互助会是历经千年风雨而形成的社会习俗，政府用行政的力量基本上是消灭不了的。它的根基已经深深扎到这一地区的整个社会系统之中。国家正式金融制度在农村的低效运行乃至缺失只不过在一定程度上更加坚定了农民在金融制度方面根据自己的实际情况做出自己的选择的决心与信念。因此，我们认为，民间金融的发展至少在中国农村地区可以说是大势所趋，不可阻挡。因此，充分认识民间金融产生的根本原因及其对农户以及农村社会经济的意义，在此基础上进行农村金融制度改革才是有效的（胡必亮，2004）。

2. 民间金融组织在制度合法性缺失情形下的问题与风险

同时也应该看到问题的另一面，在政府尚未放开的情况下，农村民间金融组织的问题亦非常明显。

农户对农村民间金融组织在合法律性和组织性质的认知上莫衷一是，这在某种程度上造成了组织威信的缺失；相对于官方金融组织而言，民间借贷和金融互助会的运作不规范；对于部分资金需求较大的农户和农村企业而言，这种互助性的农村民间金融组织的融资能力较差；部分农村民间组织借贷的放款人只关心资金能否贷出去和收回来，而对贷款用途和支持产业漠不关心，给非法交易以可乘之机，不利于信贷结构和产业结构的调整；在农村民间金融组织借贷过程中，一部分组织会打着"互助性借贷"的招牌"放高利贷"，这种行为必然会使民间借贷利息与国家贷款利息差距拉大，出现一些非法食利者套取国家贷款，会扰乱正常信贷资金的运用甚至引发农村金融风波等等。这些都是在民间金融未完全公开运行中的问题与风险，给农村社会经济的正常运行带来较大的负面影响。

因此，对待互助性农村民间金融组织我们应该尊重民意：鼓励中约束。看到互助性农村民间金融组织的合法性，合理定位农村民间金融组织，积极支持并鼓励互助性农村民间金融组织的发展，同时健全法律规范，将其纳入政府监管视野，使其能够良性运行，促进农村经济社会协调发展。

二 如何定位农村民间金融组织——多元化、多层次农村金融组织体系中的互助合作组织

自 1978 年经济体制改革以来，我国的农村金融体制经历了多次变革，但以农业银行、农村信用合作社和农业发展银行为核心的官方性的正规金融体制结构一直没有发生改变，多元化的现代农村金融体系依然没有建立起来。尽管农村民间金融组织的发展具有合理性和必然性，在农村经济发展中发挥着重要的作用，但是由于政府对其的认识问题，其功能未能获得正确的认识，因此，必须对民间金融组织的发展重新进行定位。

1. 农村民间金融组织的总体定位和改革建议

金融发展与经济增长之间呈正向关系（Goldsmith，1969；King and levine，1993；Rajan. R，L. Zingale，1999），因此金融改革应该依托农村经济情况进行定位。

中国农村经济的基本特征是农户作为基本的经济单元，数量众多，规模小，布局分散。在金融机构与农户的信贷博弈中，信息不充分现象严重，交易成本高。同时，农户缺乏商业信贷交易所要求的财务信息和抵押资产。这样，在向农户提供信贷服务方面，依靠社会资本本地知识和软信息、接近农户而近距离向农户提供服务的微小型金融机构、草根金融机构比依靠可以编码的硬信息而决策的大型金融机构更有优势。在二元经济背景下，试图以城市金融改革的思路、以现代商业银行和大型金融机构为主导来解决农村金融服务不足的问题，是不现实的。不仅不能解决现有农村金融机构本身存在的问题，而且也难以有效增加农村金融服务的供给。在中国，已经不缺大银行，缺的是社区性和合作、互助性质的金融机构，特别是在农村地区、中西部地区仍然缺乏基本的金融供给（何广文，2007）。因此，中国农村金融组织体系的定位应该是政策性金融、合作性金融和商业性金融相互合作的多元化、多层次的农村金融组织体系。

改革的关键在于三个方面：一是要在农村逐步地建立金融市场；二是要在培育农村金融市场的同时，鼓励多种市场主体公平竞争，坚决反对任何形式的垄断经营；三是由于非正式的农村民间金融市场的利率在许多地区实际上早已放开，所以政府可以考虑在农村率先放开正式金融市场的利率水平。

2. 因地制宜地选择合适的民间金融组织模式

据中国银监会发布的《中国银行业监督管理委员会 2011 年年报》，为有效解决我国农村地区金融供给不足、竞争不充分等问题，2006 年底以来，银监会调整放宽农村地区银行业金融机构准入政策，按照"低门槛、严监管"原则，积极培育发展村镇银行、贷款公司和农村资金互助社等三类新型农村金融机构。截至 2011 年底，全国共发起设立 786 家新型农村金融机构，其中村镇银行 726 家（已开业 635）家，贷款公司 10 家，农村资金互助社 50 家（已开业 46 家）；这些新型农村金融机构，按照银监会"先西部地区后东部地区、先欠发达县域后发达县域"的建设原则，473 家（60.2%）分布在中西部地区，313 家（39.8%）分布在东部地区。实践显示，这些新型农村金融机构在一定程度上满足了低收入农户和中小企业的金融需求，而且为农村民间金融组织的正规化发展提供了经验。然而，这些新型农村金融机构并不能替代农村多种多样的民间金融组织，依据我国农村经济发展具有突出的区域差异性特征，应因地制宜地选择适合的民间金融组织发展模式。

在我国经济欠发达地区，比如中西部地区，农村民间金融基本上处在初始阶段，传统农业的氛围浓厚，不但存款需求和贷款需求规模较小，且信息离散度较高，故以民间借贷为主，主要是不付息的友情借贷和高息的高利贷。而这些借贷资金的用途主要涉及农户个体经营、农业生产及婚丧嫁娶、住院治病、子女上学等各个方面。所以，在这些地区适宜发展小额借贷的互助性农村民间金融组织。具体发展措施主要是通过承认一些已有的组织化程度较低的农村民间金融组织合法地位，保护有关当事人的合法权益，适度引导其向规范化、组织化发展。

在我国经济发达的农村地区，农村民间金融组织处于成熟阶段或衰退阶段，如浙江、福建、广东等地，民间金融十分活跃，规模较大，借贷手续逐渐规范，风险意识增强，组织化程度明显提高，以各种形式的"抬会"、"银背"最为多见。这些地区市场经济发达，民营经济所占比重较高，对资金的需求大，而由于居民的收入水平较高，手头的富余资金较充足，因而追求资金增值的欲望也比较强，较之当地较高的各行业的利润率，银行利率远非居民的理想收益率，所以各种民间金融组织应需而生，并日益成熟完善（王朝明，2003）。因此，对这些地区的农村金融组织改革有三个方面：一是确立组织化程度较高并且具有一定规模的金融互助会和正规的民间金融组织的合法化地位并支持和鼓励其大力发展，引导其与农户和农村中小企业发展共生互助合作模式，以合作金融促进其对农业产业化的支持；二是淘汰组织化程度低或者处于衰退期的民间金融组织；三是容许互助性的私人借贷存在，因为农户在相当长的时期内还是不会改变"困难时向亲戚朋友借钱"的习惯与风俗，而且这种借贷一般是小额、互助的，不会有太大的风险，应该予以保留。

三　如何规范、引导农村民间金融组织——健全法律与微观监管

2004 年以来，中共中央连续颁布了九个针对"三农"问题的一号文件，几乎每个一号文件都提出要改革我国的农村金融体系，建立适应农村金融需求的金融体系。尤其是 2006 年提出了"降低农村金融进入门槛、发展多元化农村金融制度"，随后，中国银监会出台了《关于调整放宽农村地区银行业金融机构转入政策，更好支持社会主义新农村建设的若干意见》，并开始了试点，农村资金互助社、村镇银行等新型农村金融机构在各地纷纷成立。但相关的法律法规却一直没有改变，也没有新建针对民间金融组织的法律法规。依据现有的法律法规，农村民间金融组织依然是一种非法存

在，这对规范、引导民间金融组织的发展是非常不利的。

1. 制定并健全民间金融组织管理法律法规

法制环境是民间金融组织的基础环境。作为一种基本上可以自我实施的非正式制度，尽管像湖北省和浙江省的互助性民间金融组织的风险已经很低了，但从理论上讲，我们还是不能仅仅依靠信任的力量（Gambetta，1988），政府对农村民间金融的监管仍然是重要的。完善的法律制度可以促进民间金融组织的规范化，进一步降低其风险。因此，政府的金融管理当局及法律部门应尽快开始制定中国的民间金融法，使之做到有法可依（胡必亮，2004）。更具针对性的法律法规的制定应早日提上日程，以明确各类农村金融组织的性质、地位、名称、发起人、设立、经营地点、业务范围、享有权利、应尽义务、执法主体等，使这些农村民间金融组织的发展有法可依。

2. 微观管理：严格监管组织目标、组织边界、组织利益分配机制、组织治理结构

通过对民间金融组织特点的总结与分析，我们发现：如果村庄是全面开放的、参会人中外村成员较多且没有亲戚朋友关系、民间金融会的规模很大、民间金融会的周期很短（一周、一天甚至以小时计）、民间金融会的目的主要是为了赚取利息收入等，都将直接加大民间金融会的风险（胡必亮，2004）。

因此，政府监管就可以从这样几个方面入手展开：第一，由于农村民间金融组织得以存在的社会关系和道德基础会逐步受到村庄变迁的挑战，随之增加组织运作风险，因此政府的微观管理介入就要分析民间金融组织的成员构成与他们入会的目的、控制民间金融组织的扩张范围、限制民间金融组织的得会规模与得会周期等。具体来说，政府一方面可以建立民间金融组织或活动的信息交流与监测系统，既为民间金融组织提供咨询指导服务，也向公众公布相关信息，提示金融风险，同时对因借贷引起的民事纠纷进行调解；另一方面，政府可以督促民间金融组织完善内部约束机制和风险管理机制，提升自身抗风险能力。第二，从长远来看，由于农村的市场

化程度加深，农村民间金融组织中由农民精英成长起来的管理人员应具备相当的公司治理能力和经营能力，这是农村民间金融组织模式发展壮大的关键。农村民间金融组织要在市场竞争中能经受优胜劣汰的考验，需要相关部门的大力扶持，尤其是职业培训方面的再社会化。

　　总之，农村民间金融组织的发展与完善需要政府在立法、司法、管理、培训等多方面的支持和引导，才能真正发展成高效服务于"三农"的农村金融组织。

参考文献

一 著作类

1. ［美］爱德华·S. 肖：《经济发展中的金融深化》，邵伏军等译，上海三联书店 1988 年版。

2. ［波］彼得·什托姆普卡：《信任——一种社会学理论》，程胜利译，中华书局 2005 年版。

3. 白钦先、李钧编著：《中国农村金融"三元结构"制度研究》，中国金融出版社 2010 年版。

4. 成思危编：《改革与发展：推进中国的农村金融》，经济科学出版社 2005 年版。

5. ［美］戴维·波普诺：《社会学》，李强等译，中国人民大学出版社 2003 年版。

6. ［美］道格拉斯·诺斯、罗伯特·托马斯：《西方世界的兴起》，厉以平、蔡磊译，华夏出版社 1999 年版。

7. 费孝通：《江村经济》，商务印书馆 2001 年版。

8. 费孝通：《乡土中国 生育制度》，北京大学出版社 2003 年版。

9. 冯兴元、何广文、杜志雄等：《中国乡镇企业融资与内生民间金融组织制度创新研究》，山西经济出版社 2006 年版。

10. 冯兴元：《要建立竞争性金融秩序》，九鼎公共事务研究所 2006 年版。

11. 何安耐、胡必亮主编：《农村金融与发展——综合分析案例调查与培训手册》，经济科学出版社 2000 年版。

12. ［荷］赫米斯、伦辛克主编：《金融发展与经济增长——发展中国家地区的理论与经验》，余昌淼等译，经济科学出版社2001年版。

13. 胡必亮、刘强、李晖：《农村金融与村庄发展 基本理论、国际经验与实证分析》，商务印书馆2006年版。

14. 黄宗智：《华北的小农经济与社会变迁》，中华书局2000年版。

15. ［美］科尔曼：《社会理论的基础》（上、下），邓方译，社会科学文献出版社1999年版。

16. ［美］科斯等：《制度、契约与组织》，刘刚等译，经济科学出版社2003年版。

17. ［美］雷蒙德·W.戈德史密斯：《金融结构与发展》，浦寿海等译，中国社会科学出版社1993年版。

18. 李金铮：《民国乡村借贷关系研究——以长江中下游地区为例》，人民出版社2002年版。

19. 李元华：《温州民间融资及开放性资本市场研究》，中国经济出版社2002年版。

20. 梁漱溟：《梁漱溟全集》，山东人民出版社1992年版。

21. ［美］理查德·斯格特：《组织理论：理性、自然和开放系统》，黄洋等译，华夏出版社2002年第四版。

22. 林南著：《社会资本：关于社会结构与行动的理论》，张磊译，上海人民出版社2005年版。

23. 刘兆发：《农村非正式结构的经济分析》，经济管理出版社2002年版。

24. ［美］罗纳德·I.麦金农：《经济发展中的货币与资本》，卢骢译，上海三联书店、上海人民出版社1996年版。

25. ［澳］马尔科姆·沃特斯：《现代社会学理论》，杨善华等译，华夏出版社2000年版。

26. ［德］马克斯·韦伯著：《论经济与社会中的法律》，张乃根译，中国大百科全书出版社1998年版。

27. ［德］马克斯·韦伯：《社会科学方法论》，韩水法、莫西译，中央编译出版社 1998 年版。

28. ［美］乔纳森·特纳：《社会学理论的结构》（上），邱泽奇等译，华夏出版社 2001 年第六版。

29. 邱建新：《信任文化的断裂——对崇川镇民间"标会"的研究》，社会科学文献出版社 2005 年版。

30. 史晋川等：《制度变迁与经济发展：温州模式研究》，浙江大学出版社 2004 年版。

31. 王静：《涉农经济组织融资信用与金融支持研究》，中国农业出版社 2004 年版。

32. 王名等：《民间组织通论》，时事出版社 2004 年版。

33. 杨善华：《当代西方社会学理论》，北京大学出版社 2001 年版。

34. 张军：《制度、组织与中国的经济改革》，上海财经大学出版社 2004 年版。

35. 张余文：《中国农村金融发展问题研究》，经济科学出版社 2005 年版。

36. 张震宇：《温州模式下的金融发展研究》，中国金融出版社 2004 年版。

37. 章志光编：《社会心理学》，人民教育出版社 2001 年版。

38. 郑也夫编：《合作关系的建立与破坏》，中国城市出版社 2003 年版。

39. 周霆、邓焕民：《中国农村金融制度创新论——基于"三农"视角的分析》，中国财政经济出版社 2005 年版。

40. 周雪光：《组织社会学十讲》，社会科学文献出版社 2003 年版。

二 期刊类

1. 安菁蔚、任大鹏：《我国农村非正规金融的法律思考》，《中国农村观察》2005 年第 4 期。

2. 白钦先：《中国农村金融体制改革的战略性重构重组与重建》，《中国金融》2004 年第 12 期。

3. 蔡则祥：《我国农村金融组织体系的完善与创新》，《农业经济问题》2002 年第 4 期。

4. 曹洪民：《扶贫互助社：农村扶贫的重要制度创新——四川省仪陇县"搞好扶贫开发，构建社会主义和谐社会"试点案例分析》，《中国农村经济》2007 年第 9 期。

5. 陈杉山：《农村民间金融组织的制度基础和可持续发展》，《江西农业大学学报》2006 年第 2 期。

6. 陈小玲：《农村合作金融风险防患问题探讨》，《现代经济探讨》2000 年第 2 期。

7. 程蕾：《中国民间金融走势分析》，《经济理论与经济管理》2004 年第 3 期。

8. 崔慧霞：《农村民间金融的脆弱性与相机治理》，《调研世界》2005 年第 8 期。

9. 邓光汉、刘润葵：《市场竞争中的弱势群体融资难问题研究》，《西南政法大学学报》2004 年第 1 期。

10. 邓伟：《新视角下的农村合作金融发展问题探讨》，《农村经济与科技》2005 年第 1 期。

11. 杜朝运：《民间非正规金融的成因及治理思路》，《统计与预测》2003 年第 3 期。

12. 杜朝运：《社会转型、经济转轨与过渡金融》，《当今财经》2005 年第 6 期。

13. 符安平：《农村民间金融的现状与发展对策研究》，《农村经济与科技》2005 年第 5 期。

14. 高小琼：《制度背景、经济运行与民间借贷》，《金融研究》2004 年第 12 期。

15. 高彦彬：《民间金融组织经营策略的 SWOT 模型分析》，《科学·经济·社会》2011 年第 1 期。

16. 高晋康：《民间金融法制化的界限与路径选择》，《中国法学》2008 年第 4 期。

17. 龚健虎：《用帕累托最优等理论浅析民间金融业的兴起》，《经济体制改革》2001 年第 6 期。

18. 郭梅亮、徐璋勇：《分工演进、交易效率与中国农村非正规金融组织变迁》，《制度经济学研究》2010 年第 3 期。

19. 韩坚：《农村金融组织的比较与重构》，《贵州社会科学》2006 年第 1 期。

20. 姜法芹：《农村民间金融发展的政策关怀》，《求实》2011 年第 10 期。

21. 何广文、冯兴元：《农村金融体制缺陷及其路径选择》，《理论探讨》2004 年第 8 期。

22. 何广文：《合作金融组织的制度性绩效探析》，《中国农村经济》1999 年第 2 期。

23. 何广文：《金融支农：责无旁贷 现状堪忧》，《中国经济报告》2006 年第 2 期。

24. 何广文：《中国农村金融转型与金融机构多元化》，《中国农村观察》2004 年第 2 期。

25. 何广文：《中国农村金融组织体系创新路径探讨》，《金融与经济》2007 年第 8 期。

26. 洪正、王万峰、周轶海：《道德风险、监督结构与农村融资机制设计——兼论我国农村金融体系改革》，《金融研究》2010 年第 6 期。

27. 胡必亮：《村庄信任与标会》，《经济研究》2004 年第 10 期。

28. 胡一荆：《民间金融与地方经济发展》，《南方经济》2003 年第 3 期。

29. 黄燕君：《对农村金融组织创新的思考》，《农业经济》2001 年第 9 期。

30. 姜旭朝、杨杨：《合作金融的制度视角》，《山东大学学报》（哲学社会科学版）2004 年第 1 期。

31. 姜旭朝、丁昌锋：《民间金融理论分析：范畴、比较与制度变迁》，《金融研究》2004 年第 8 期。

32. 李丹红：《农村民间金融发展现状与重点改革政策》，《金融研究》2000 年第 5 期。

33. 李建军、陆丰：《浙江民间借贷调查》，《环球财经》2005 年第 2 期。

34. 李劲松、柴浩放：《构建支持新农村建设的农村金融》，《农村经济》2007 年第 2 期。

35. 李树生：《我国农村民间金融发展的现状分析及路径选择》，《经济与管理研究》2006 年第 4 期。

36. 李伟毅、胡士华：《农村民间金融变迁路径与政府的行为选择》，《农业经济问题》2004 年第 11 期。

37. 廖红丰：《规划农村民间金融发展与社会主义新农村建设》，《经济前沿》2006 年第 6 期。

38. 刘丹：《民间金融法制化模式探析》，《金融与经济》2009 年第 8 期。

39. 刘杰：《我国民间金融的几点思考》，《经济工作导刊》2001 年第 11 期。

40. 刘乐山：《对农村民间金融问题的探讨》，《金融与经济》2002 年第 1 期。

41. 罗丙能、王科、周德翼：《农村非正规金融发展的必要性：基于农户资金需求和借贷角度的分析》，《济南金融》2005 年第 11 期。

42. 毛金明：《民间融资的经济与社会效应》，《经济研究参考》2005 年第 23 期。

43. 任旭华：《金融制度短缺与农村民间金融发展的现实性》，《金融论坛》2003 年第 3 期。

44. 桑海燕：《民间金融谈》，《价格与市场》2004 年第 3 期。

45. 邵兴忠：《正规金融与民间金融的对接研究——以浙江省为例》，《上海金融》2008 年第 9 期。

46. 史晋川、孙福国、严谷军：《浙江民营金融业的发展》，《浙江社会科学》1998 年第 5 期。

47. 史克剑：《民间金融："疏"与"堵"的抉择》，《中国金融家》2006 年第 8 期。

48. 帅勇：《金融深化的第三条道路：金融约束》，《经济评论》2001 年第 5 期。

49. 万安培：《整治民间高利贷需要转变思路》，《中南财经大学学报》1997 年第 2 期。

50. 王启明：《浅析农村民间借贷繁荣的原因》，《集团经济研究》2007 年第 3 期。

51. 王曙光：《村庄信任、关系共同体与农村民间金融演进》，《中国农村观察》2007 年第 4 期。

52. 王双正：《我国农村金融问题研究综述》，《经济纵横》2005 年第 6 期。

53. 王晓毅：《农村工业化过程中的农村民间金融——温州市苍南县钱库镇调查》，《中国农村观察》1999 年第 1 期。

54. 王中新：《关于建设社会主义新农村资金问题的调查》，《北方经济》2006 年第 7 期。

55. 王卓：《农村民间金融组织的社会特征分析》，《四川大学学报》（哲学社会科学版）2006 年第 6 期。

56. 温琦、王厚俊：《新形势下农村非正规金融现状及发展趋势分析》，《农业经济》2005 年第 1 期。

57. 夏英、宋彦峰、濮梦琪：《以农民专业合作社为基础的资金互助制度分析》，《农业经济问题》2010 年第 4 期。

58. 许进：《信用的演进逻辑与发展路径》，《货币金融评论》2005 年第 12 期。

59. 许晓东等：《二元经济结构下我国新型农村资本支持体系研究》，《金融论坛》2004 年第 8 期。

60. 许咏梅：《我国农村民间金融的现状、问题与对策》，《安徽农业大学学报》（社会科学版）2004 年第 2 期。

61. 彦文：《用民间资本修补农村金融空洞——访经济学家茅以轼》，《中国改革》（农村版）2003 年第 11 期。

62. 杨毅敏：《亟待规范的民间金融组织——对三门峡市民间金融组织的调查》，《金融理论与实践》1994 年第 1 期。

63. 杨志林：《浅谈洞头海岛民间金融活动——对呈会的个案研究》，《温州论坛》2002 年第 4 期。

64. 叶敬忠、朱炎洁、杨洪萍：《社会学视角的农户金融需求与农村金融供给》，《中国农村经济》2003 年第 8 期。

65. 易秋霖、郭慧：《非正式金融探析》，《金融理论与实践》2003 年第 3 期。

66. 张海峰：《新农村建设需要重构农村金融体系》，《农村金融研究》2006 年第 3 期。

67. 张红宇：《中国农村金融组织体系：绩效、缺陷与制度创新》，《中国农村观察》2004 年第 2 期。

68. 张建英：《关于我国农村发展民间金融的思考》，《农村经济》2003 年第 8 期。

69. 张建英：《我国农村合作金融组织发展的现状与理性思考》，《经济师》2002 年第 5 期。

70. 张胜林、李英民、王银光：《交易成本与自发激励：对传统农业区民间借贷的调查》，《金融研究》2002 年第 2 期。

71. 张松：《民间金融与我国金融制度变迁》，《江苏社会科学》2003 年第 6 期。

72. 张震宇：《正规金融与民间信用——金融约束政策下农村金融深化的温州案例》，《温州论坛》2002 年第 3 期。

73. 赵泉民：《农村民间借贷兴盛的内蕴、效应及对策》，《农业经济问题》2003 年第 10 期。

74. 周长城、殷燕敏：《金融市场的社会学视野》，《社会学研究》1999 年第 6 期。

75. 周立：《三次农村金融改革述评》，《银行家》2006 年第 3 期。

76. 周立：《资金互助解决农村融资难题》，《银行家》2005 年第 10 期。

77. 周立：《资金互助与穷人生计》，《银行家》2005 年第 11 期。

三 外文文献

1. Arnott R. , Stiglitz J. E, "Moral hazard and non-market institutions: dysfunctional crowding out or peer monitoring?", *American Economic Review*, March 1991.

2. Gambetta D. , "Can We Trust Trust?", in D. Gambetta (ed.), *Trust: Making and Breaking Cooperative Relations*, Oxford, UK: Basil Blackwell. 1988, pp. 213 – 237.

3. Geertz, C. , "The Rotating Credit Association: A 'Middle rung' in Development", *Economic Development and Cultural Change* 10, 241 – 263, 1962.

4. Goldsmiths R. , *Fnancial Structure and Development*, Yale University Press, New Havenm, 1969.

5. King, R and L. Levine, "Finance and Growth: Schumpeter Might Be Right", *The Quarerly journal of economic Vol.* Ⅷ, No. 3, pp. 681 – 737.

6. M. Weber, *Economy and Society: An Outline Interpretive Sociology*, trans l by E. Fischoffeta. l Berkeley: University of California Press, 1978, p. 25.

7. Mark Schreiner, "Informal Finance and the Design of Microfinance", *Development in Practice* Vol. 11, No. 5, pp. 637 – 640. , November 2000.

8. Parsons, Talcot. *Structure and Process in Modern Societies*, IL: Free press. 1960.

9. Podolny, Joel and Karen Page, "Network Forms of Organization", Annual APEC Committee on Trade and Investment, 1994. APEC

Survey of Small and Medium Enterprises, Asia-Pacific Economic Coopera-tion. 1998.

10. Rajan R. and L. Zingales, *The Politics offinancial Development*, mimeo, University of Chicago, 1999.

11. Suchman, "Mark. managing legitimacy: Strategic and institution-al approaches", *Acamy of management Review*, 1995.

12. M. Weber, *Economic and Society: An interpretive sociology*, New York: Bedmibister press. 1968.

13. Besley, T. S. and Coate, G. L. "The Economics of Rotating Saving and Credit Associations", *American Economic Review* 1993 (4).

14. Ardener, Sidney. 1964, "The Comparative Study of Rotating Credit Associations [J]", *Journal of Royal Anthropology* (94).

15. Tsai, Kellee S. 2004, "Imperfect Substitutes: The Local Politi-cal Economy of Informal Finance and Microfinance in Rural China and In-dia", *World Development* (9).

16. Tsai, Kellee S. 1999, "Banking Behind the State: Private En-trepreneurs and the Political Economy ofInformal Finance in China, 1978 – 1998", *Submitted in Partial Fulfillment of the Requirements for theDegree of Ph. D*, Columbia University.

17. Impavido, Gregorio. 1998, "Credit Rationing, Group Lending and Optional Group Size", *Annals of Public&Cooperative Economics* (6).

附录一　调查问卷

农村民间借贷调查问卷

农民朋友：

您好！我们是华中农业大学社会调查中心的调查员。为了了解当前我国农村借贷现状，推动农村社会经济健康发展，我们特组织了这项调查。

本次调查采用匿名制，所有数据仅用于统计分析，麻烦您根据实际情况，在正确答案处打"√"或在相应答案处填写。若无特殊说明，每题只选一项。我们将严格遵守《统计法》，对您提供的情况予以保密。

谢谢您的支持！

祝您家庭幸福，万事如意！

华中农业大学社会调查中心

一　个人与家庭背景

1. 您及家人的基本情况

家庭成员	年龄	文化程度	职业
被调查者：①男　②女			

右上角：续表

家庭成员	年龄	文化程度	职业
家庭主要社会关系			

2. 您家去年一年的收入大约为：

①1000 元及以下　　　　②1000 元以上至 5000 元

③5000 元以上至 1 万元　　④1 万元以上至 5 万元

⑤5 万元以上至 10 万元　　⑥10 万元以上至 50 万元

⑦50 万元以上

二　家庭借贷情况

1. 您家近五年是否有借贷行为？

①是　　　　　　　　②否

2. 您家近几次主要借、贷情况：

借贷笔数 内容	1	2	3	4	5	6
①借入　②贷出						
借贷对象 ①银行　②政府 ③农村信用社　④农村基金会 ⑤农民自发组织的钱庄等 ⑥亲戚　⑦邻居或朋友 ⑧其他组织或个人						
借贷日期						
希望借贷金额						

续表

内容＼借贷笔数	1	2	3	4	5	6
实际借贷金额						
借贷紧急程度						
是否如期借贷						
借贷期限（月）						
借贷方与本人关系						
利率						
有无字据						
有无抵押						
是否能够如期偿还						
资金用途						

3. 您家在借贷过程中，有没有出现过纠纷？

①有＿次　　②没有（选此项的直接回答第5题）

4. 借贷过程中的纠纷情况

次数	时间	借贷①借②贷	纠纷原因①利息高低②还款期限③资金数额④服务态度⑤借贷手续⑥其他	严重程度①一般口角②激烈争吵③动武④动武致伤⑤斗殴致亡	处理方式①自行协商②亲属调解③邻居、朋友调解④村干部调解⑤诉诸法律⑥其他	处理结果
1						
2						
3						
4						

5. 您有没有通过借贷中介人借贷的经历？

①有　　借贷中介人有没有向您收取手续费或信息费？

a 有数额为＿＿＿　　b 没有

②没有

三 对农村存、借、贷的态度

1. 如果您有一笔钱要储蓄，您会把钱储蓄在哪里？
   ①银行　　②农村信用社　　③邮政储蓄　④农村基金会
   ⑤农民自发组织的钱庄等　　⑥放在自己家里或其他地方

（选择中包含了①②的，回答第 2 题，选择中包含了④⑤⑥的回答第 3 题）

2. 您选择把钱存在银行或农村信用社的原因是（可多选）
   ①安全放心，有保障　②网点多，存取方便　③不欠人情
   ④工作人员的业务素质高，服务态度好 ⑤其他__（请填写）

3. 您选择把钱存在农村民间金融组织（上面的④⑤）内的原因是（可多选）
   ①离家近，存取方便 ②利息高
   ③组织里都是熟悉的人，放心
   ④组织者家里条件好，有背景，不用担心受骗
   ⑤服务态度热情　⑥迫于面子不好意思不存
   ⑦迫于强制性压力，不能不存　⑧其他_____

4. 如果您急需一大笔钱，您愿意向谁借？
   ①银行　②政府　③农村信用社　④基金会
   ⑤农民自发组织的钱庄等　　⑥亲戚　⑦邻居或朋友
   ⑧其他组织或个人_____

（选择中包含了①③的，回答第 5—6 题，选择中包含了④⑤的回答第 7 题）

5. 您认为向银行或农村信用社贷款有难度吗？
   ①有　　②没有（回答为②者直接回答第 7 题）

6. 您认为向银行或农村信用社贷款存在哪些困难？（可多选）
   ①缺熟人关系，贷不了钱　②手续多且繁杂　③缺乏抵押品
   ④找不到担保人　　　　⑤贷款额度小，银行不愿受理
   ⑥贷款期太短，银行不愿受理 ⑦其他

7. 您有没有考虑过向农村民间金融组织借贷？
   ①考虑过　②没有考虑过（回答为②者直接回答第 9 题）

8. 您愿意向农村民间金融组织借贷的原因是什么？（可多选）

①有熟人，贷款方便　②离家近，方便　③手续简单

④无须担保人或抵押物　⑤额度小，无须去银行

⑥服务态度好　⑦利息低　⑧期限短或无期限限制

⑨随用随贷，方便　⑩其他_____

9. 您认为农村民间金融组织贷款是否应有利息？

①是　　　　　　　　②否

10. 您认为农村民间金融组织存款是否应有利息？

①是　　　　　　　　②否

11. 您认为当前农村民间金融组织贷款的利息与银行相比，高了还是低了？

①高　　　　　②差不多　　　　　③低

12. 您认为您所能承受的最大利息比率是月息：_____

13. 您认为面对农户贷款的最小金额多少比较合理？

①200 元以下　　②200—500 元　　③500—1000 元

④1000—1500 元　⑤1500—2000 元　⑥2000 元以上

14. 您认为面对农村的贷款还款期限最短多长时间比较合理？

①3 个月以内　　　　②3—6 个月

③6 个月—1 年　　　④1 年以上

四　对农村存、借、贷的评价

1. 当前农村官方金融机构的服务能够满足您对资金的需要吗？

①完全能满足　　　②基本能满足

③不太能满足　　　④完全不能满足

2. 在您看来，农村民间金融组织的存在有没有必要？

①非常必要　②有一定必要　③没有必要　④说不清

3. 您认为，现有农村民间金融组织的金融活动对于农业生产、农村发展及农民生活水平的提高是否有帮助？

①帮助非常大　　　②帮助比较大

③帮助比较小　　　④几乎没有帮助

⑤不仅没有帮助，还有很多坏处

4. 据您所知，您所在的地区（乡镇）农村民间金融组织普遍吗？

　　①非常普遍　②比较普遍　③个别现象　④没有

（回答为④者直接回答第 10 题）

5. 据您所知，民间金融组织的成员一般是什么人？（可多选）

　　①乡镇干部　　　　　②经商者　　　　　③乡镇企业管理者

　　④外出打工者　　　　⑤村干部　　　　　⑥一般农民

　　⑦其他＿＿＿＿＿＿＿＿＿＿＿＿＿＿＿＿＿＿＿＿＿＿＿＿＿＿

6. 您认为当地的农村民间金融组织的发展状况在哪些方面还存在着不足？（可多选）

　　①资金有限　　　　　②风险太大

　　③工作人员业务素质不高，服务质量低下

　　④营业范围太小　　　⑤利息太高，农民负担太重

　　⑥容易产生借贷纠纷　⑦重盈利，轻扶贫

　　⑧缺乏法律规范的约束和相关机构的监督管理

　　⑨行政干扰严重　⑩管理制度和行为不规范　⑪其他＿＿＿＿＿

7. 您认为当地的农村民间金融组织资金运营的主要目的是什么？

　　①自助性金融组织　　　　②营利性金融组织

8. 目前您当地的民间金融组织是否公开？

　　①完全公开　　　　　②半公开　　　　　③非公开

9. 据您所知，您村中有没有还不起高利贷而逃债的现象？

　　①有　　　　　　　　②没有

10. 您认为民间金融组织是否合法？

　　①是　　　②说不清　　　③不是

11. 您认为对于农村民间金融组织，国家应该如何对待？

　　①大力支持　②适当支持　③承认其合法地位，但严格管理

　　④任其自然发展　⑤坚决取缔　⑥说不清

关于调查，如果您还有什么建议或想法，请补充说明：

感谢您的合作！

附录二　访谈提纲

农村民间金融组织成员个案访谈提纲

一　被调查者个人及家里的基本情况

1. 家庭结构及成员基本情况（性别、年龄、学历、主要职业、收入）

2. 家庭主要和重要的社会关系

二　请简要介绍一下您所属农村金融组织的基本情况

1. 成员数目

2. 成员基本情况：文化水平及专业素养、职业、相互之间的关系

3. 当前以及最高数额时资金总量

4. 有无成文或不成文的规则，主要内容

5. 存款利率、贷款利率、该组织的经济绩效如何（平均年盈利额）？利润如何分配？

三　请陈述一下您所在的农村民间金融组织的组建情况

1. 组建的时间

2. 发动者

3. 建立的原因

4. 组建之初的参加者人数及其基本情况（文化水平及专业素养、职业、相互之间的关系）

5. 如何筹措资金，初建时资金总量

6. 该组织在建立过程中曾遇到过哪些实际困难？如何解决的？

四 请陈述一下您所在的农村民间组织的当前经营管理情况

1. 业务经营对象是否有范围限制？（资金仅提供给内部合伙人还是可以对外放贷？主要贷给哪些用户？是否考虑人情关系？）

2. 业务范围包括哪些？（如吸收储金、贷款等信用业务，代农户贩卖农产品、购生产生活资料，保险业务，经营兴建农村道路、水利、运输、教育等企事业）

3. 借贷规则。对外放贷时金额、期限、利率、贷款次数（同一人）是如何规定的？是否考虑人情关系？

4. 借贷程序是怎样的？（借款有无贷前检查、贷中审查、贷后检查制度等手续？是否需要书面或口头协议？是否需要抵押品？是否考虑人情关系？）

5. 在借贷的风险防范上你们采取了哪些措施？

6. 如何进行决策和基金管理？（账款是否分管？是否定期公布财政状况？有无主管部门审计？）

7. 收益如何进行分配？（按照什么比例？坚持什么原则？股息多久结算一次？）

8. 如何处理借贷纠纷？（对于赖账不还或恶意诈骗者使用哪些手段追债？对于确有困难不能还款的如何处理？是否考虑人情关系？）

9. 在组织运作过程中，组织成员间是否发生过冲突，原因、程度、如何解决，结果如何。

10. 在运作过程中曾遇到过哪些实际困难？如资金、如何决策，是怎样解决的？

五 与其他组织的关系

1. 与其他组织之间有无联系？有多少个？

2. 各是什么样的关系？合作、竞争，有无冲突？一般是因为什么原因？程度如何？如何解决？结果怎样？

六 请谈谈你们的组织发展的外部环境 （利弊环境）

1. 组织是否曾受到过行政力量的影响和干预？

2. 你认为地方政府应该在哪些方面给予支持？（如人员素质培养、政策支持等）

3. 您认为农户借贷具有哪些特点？

4. 组织对农户具有哪些吸引力？能否满足农户的需求？

资金互助会访谈提纲

一 关于发起者

1. 发起者的基本情况：性别、年龄、学历、职业、家庭收入

2. 发起者应该具备什么条件？社会关系、经济实力和信用是否重要？

3. 发起人发起的原因？

4. 发起人的角色：是否决定利率？是否决定轮会顺序（如果是呈会）？是否决定出资金额？是否负责收钱（如果是呈会）？是否负责制定规章制度？

二 组织运行情况

1. 什么时候成立？什么时候结束？

2. 成立的时候有多少人？

3. 成立后，成员有无发生变化？

如果有，为什么会变动？会员变动是否需要全体成员或大部分成员同意？

4. 组织规模与资金

（1）多少人参加？（加会主）

（2）几个月出资一次？每次多少钱？

（3）每次收钱和出钱的情况是怎样的？

5. 风险及防范机制

（1）风险大不大？

如果是大，是什么导致了风险？

如果不大，是什么限制了风险？

（2）会单是否规定如何防范风险？

（3）如果会员出不起钱或不出钱了，该怎么办？

（4）如果会主倒会了，怎么办？

三 对组织发展过程的认识

1. 这种组织在什么时候很流行？

3. 这几年相对于以前是更兴盛还是衰弱了？

4. 以前的这种组织和现在的这种组织有什么不同？从下面四个
   方面进行访谈：

（1）成员组成

（2）金额大小

（3）组织形式

（4）发起人的身份和权力

四 个人的动机：参加这个组织都有哪些目的？

五 组织功能

1. 资金互助组织是否满足了您的资金需求？

2. 您是否能从中获得利润？

3. 您是否达到了省钱的目的？

4. 您能否维持或促进参与者的关系？

5. 您认为资金互助组织对当地的经济社会发展是否有作用？

六 对组织的评价

1. 您会不会继续参加类似的组织？

2. 这个组织的什么方面让您最满意？

3. 组织的什么方面让您最不满？

地方政府对民间金融组织态度的个案访谈提纲

1. 请问该地区的农村经济发展水平。

2. 请问该地区内民间金融组织的发展现状。（数目、规模、及分布情况）

3. 请介绍一下该地区的农村民间金融组织的形式有哪些？

4. 请详细介绍一下该地区农村民间金融组织的发展历程。

5. 该地区近五年内正规官方金融支持农村经济的力度如何？采取了哪些措施？支持农村经济的手续是繁杂还是简单？

6. 地方政府内部是否有部分官员参加过农村民间金融组织？对这种行为，政府持什么态度？

7. 请谈谈该地区农村民间金融组织的经济和社会效益如何？

8. 农村民间金融组织和正规官方金融组织的关系如何？

9. 你认为政府部门有必要对农村民间金融组织加强监管吗？为什么？应在哪些方面采取哪些措施？

10. 你们是否对农村民间金融组织进行过监督和管理？如果有，针对哪些方面采取了哪些措施？效果如何？

互助性私人借贷访谈提纲

1. 向您借钱的人跟您是什么关系？

　　您为什么会借钱给这些人？

2. 借贷的期限有多长？

　　如果没有规定借贷期限，一般借方会在什么时候还钱？

3. 在借钱时，贷方会不会主动了解资金用途？

4. 是不是在紧急的情况下才借钱？

　　如果是，为什么要在紧急的情况下才去借？

5. 借贷行为能否促进您与对方的关系？

6. 您觉得亲戚朋友之间的借贷风险大吗？

附录三 个案访谈资料

个案访谈资料——互助性私人借贷[①]

个案 H—1

访谈地点：温州市瓯海区源口村

访谈对象基本情况：女，41岁，务农。

问：向您借钱的人跟您是什么关系？您会不会借？如果会，为什么会借？

答：我没什么钱，所以一般也不会有人来找我借，即使有钱，也不一定会借，因为这个世道有太多不讲信用的人了。

问：如果没有规定借贷期限，一般借方会在什么时候还钱？

答：如果自己有钱了，自己就会还了，不还不像话，或者是别人真的要用钱了，即使自己再去借，也会把钱先还了。

问：是不是在紧急的情况下才借钱？如果是，为什么要在紧急的情况下才去借？

答：当然是紧急的情况下，才借钱。借别人的钱就是对别人的东西的利用，大家都是看在关系上的，不能必要不必要都去借别人的。

问：在借钱时，贷方会不会主动了解资金用途？

<hr>

① 对访谈过程的一个说明：本研究在对互助性私人借贷进行访谈时，是严格按照结构式访谈方法进行的，访问员一问，被访者一答；但在对资金互助组织进行调查时，以非结构式访谈为主，访问员引导被访者进行回答，以被访者的自我陈述为主。

答：贷方不会主动问，自己也不用说，本身借贷就是一种信任，没有必要说得那么清楚。

问：借贷行为能否促进您与对方的关系？

答：能。只要借钱了，关系还是会好一些的。

问：您觉得亲戚朋友之间的借贷风险大吗？

答：一般不会有什么风险，大家关系都不错，一般会比较自觉。再说了，谁要是不还，不讲信用，大家都会看不起他的。

个案 H—2

访谈地点：温州市瓯海区源口村

访谈对象基本情况：男，35 岁，私营企业主。

问：向您借钱的人跟您是什么关系？您会不会借？如果会，为什么会借？

答：向我借钱的人一般都是亲戚朋友，别的人一般也不会找我借钱，借钱总是要看点关系的。如果自己有钱，就借给他，没钱的话就没有办法了。有钱不借会被人说闲话的，而且对方也会不喜欢你。

问：如果没有规定借贷期限，一般借方会在什么时候还钱？

答：很多人都不还了，非要你去要，才能给，很不自觉的，但这也是正常的。

问：是不是在紧急的情况下才借钱？如果是，为什么要在紧急的情况下才去借？

答：借钱是别人给你面子，但自己也欠了个人情，所以不到不得已，一般是不借钱的。

问：在借钱时，贷方会不会主动了解资金用途？

答：不会主动问，自己也不用说，借钱的人关系都是挺好的，即使别人不知道你把钱用来做什么，他们也会借给你的。

问：借贷行为能否促进您与对方的关系？

答：借钱嘛。相互帮忙，应该的，没去想促进不促进什么的。

问：您觉得亲戚朋友之间的借贷风险大吗？

答：风险还是有的，总有那么些人比较不讲信用，不过以后就不会再借钱给他了。

个案 H—3

访谈地点：温州市瓯海区源口村

访谈对象基本情况：女，32岁，个体户。

问：向您借钱的人跟您是什么关系？您会不会借？如果会，为什么会借？

答：我没什么钱可以借的。有借的也一般是亲戚比较多，如果是亲戚借，那一般都会借的，毕竟是亲戚，很多时候都是为了个面子，而且，如果有钱不借，而对方确实是有困难，会被人骂的，说你不顾感情。

问：如果没有规定借贷期限，一般借方会在什么时候还钱？

答：有钱了就还，这没有什么好欠的，别人借钱给我们就很不错了，有钱了还不还，对不起别人的。如果别人急的话，也要想办法给，别人借钱就是义务性的，没什么好说的。

问：是不是在紧急的情况下才借钱？如果是，为什么要在紧急的情况下才去借？

答：有时候不是很紧急也会借的，为了将来用，怕到时候搞不到。

问：在借钱时，贷方会不会主动了解资金用途？

答：一般是在借钱的时候，借方主动跟贷方说借钱要做什么，让别人知道自己要干的事情，他们也很放心，这样才容易借到。

问：借贷行为能否促进您与对方的关系？

答：会吧，借钱嘛，相互帮忙，还是能促进关系的。

问：您觉得亲戚朋友之间的借贷风险大吗？

答：没什么风险，因为亲戚朋友间借钱一般也不敢不还，要是不还，口水子话（即大家间相互议论的话）还不得淹死他。

个案 H—4

访谈地点：温州市瓯海区源口村

访谈对象基本情况：男，26 岁，工人。

问：向您借钱的人跟您是什么关系？您会不会借？如果会，为什么会借？

答：借钱么，就是尽力而为，自己有闲置的钱了，就借一些，如果自己没钱，也没有什么办法，只能这样。其实，如果你不想借，也是可以找出很多个理由的，但是一般亲戚朋友之间还是会借的，本身相互帮助也是应该的，而且，不帮忙的话，别人也会说你，而且，人与人的往来总是有个有来有往的过程。

问：如果没有规定借贷期限，一般借方会在什么时候还钱？

答：有钱了就还呗，这有什么好不还的，自己欠债总是不好，零零清清的多好啊，如果自己没钱，但别人要用，我们也会想办法还的。

问：是不是在紧急的情况下才借钱？如果是，为什么要在紧急的情况下才去借？

答：一般都是在紧急的情况才借的，借钱是要还的，不仅是要还钱，还要还人情，这才是重要的。

问：在借钱时，贷方会不会主动了解资金用途？

答：不用贷方去了解，我们借钱的时候应该主动说，借别人的钱总得给别人一个交代，这样别人也能放心，安心地把钱借给你。

问：借贷行为能否促进您与对方的关系？

答：促进啊，谈不上，都是熟人借钱。不过要是能借有不借，那就不好搞了，关系多半会变坏的。

问：您觉得亲戚朋友之间的借贷风险大吗？

答：风险还是比较小的。谁敢不还哪！要是不还，一个是大家都要说，二是以后也没有人会借钱给你了。

个案 H—5

访谈地点：温州市瓯海区源口村

访谈对象基本情况：男，52岁，赤脚医师

问：向您借钱的人跟您是什么关系？您会不会借？如果会，为什么会借？

答：别人向我借钱，如果关系好，我就会借给他，我不求他对我有什么回报，自己良心过得去就行了，其他的都是不重要的。

问：如果没有规定借贷期限，一般借方会在什么时候还钱？

答：钱总是要还的，别人不规定期限，也是信任你，自己有钱了，当然要还了，这样才是比较好的。

问：是不是在紧急的情况下才借钱？如果是，为什么要在紧急的情况下才去借？

答：一般是在紧急的情况下才借，借钱是讲面子的，这个人情债在将来一定要还的。

问：在借钱时，贷方会不会主动了解资金用途？

答：贷方不用问，借钱的人一般会自觉地告诉他的，要不然别人怎么知道你是不是把钱拿过来去赌博什么的，这样的钱别人借给你也不放心。

问：借贷行为能否促进您与对方的关系？

答：没有想到要去促进什么关系，只是帮忙而已，也是应该的，别人也都这样做，不存在促进不促进的事情。

问：您觉得亲戚朋友之间的借贷风险大吗？

答：不大，但还是有的，特别是那些比较远的亲戚，比较不好说。

个案 H—6

访谈地点：温州瑞安塘下村

访谈对象基本情况：女，36岁，个体户。

问：向您借钱的人跟您是什么关系？您会不会借？如果会，为什么会借？

答：借贷一般都是在亲戚朋友之间的，如果我的亲戚朋友向我借钱，我一般都会借的，即使自己没有什么钱，而与对方关系特别好的话，我会想办法把钱搞到。你总有一天也是需要别人帮忙的，只想获得，而不付出是不可能的，今天是为了明天打下基础，而且也能给周围的人一个很好的印象。

问：如果没有规定借贷期限，一般借方会在什么时候还钱？

答：还钱要自觉，不能等别人来要，别人也不好意思开口，自己有钱了，就应该还给别人的，如果别人要用了，也得把钱还给别人。

问：是不是在紧急的情况下才借钱？如果是，为什么要在紧急的情况下才去借？

答：不紧急的时候也会借，但一般都会找关系比较好的。

问：在借钱时，贷方会不会主动了解资金用途？

答：借方一定要说明自己的资金用途的，这样事才好办，别人才能放心地把钱借给你。

问：借贷行为能否促进您与对方的关系？

答：亲戚朋友之间借钱，不存在促进的问题，本来大家关系就不错。不过也有其他的情况，要是不借的话，关系就会变不好。

问：您觉得亲戚朋友之间的借贷风险大吗？

答：风险还是有的，有时候还比较大，总会有那么几个人不怎么讲信用，不过之后我是没再借过钱给他，他也没好意思再问我借了。

个案 H—7

访谈地点：温州瑞安塘下村

访谈对象基本情况：女，52岁，农民。

问：向您借钱的人跟您是什么关系？您会不会借？如果会，为什么会借？

答：没有什么人会向我借钱，一般都是我找别人借钱，自己都没有钱，别人怎么会来借！

问：如果没有规定借贷期限，一般借方会在什么时候还钱？

答：我向别人借的都是小钱，别人也不急于用这一点钱。

问：是不是在紧急的情况下才借钱？如果是，为什么要在紧急的情况下才去借？

答：当然是在紧急的情况下才借钱，别人借钱给你是对他的资源的利用，不能在不紧急的情况下用，否则，欠的人情就更大了。

问：在借钱时，贷方会不会主动了解资金用途？

答：我接触到的，一般不需要主动问，因为借方都会自己说清楚钱怎么用。

问：借贷行为能否促进您与对方的关系？

答：这个我倒不是蛮清楚，因为我很少借给别人钱。不过就我所知道的情况来看，不借钱关系容易不好，借钱也就是关系好的人借。

问：您觉得亲戚朋友之间的借贷风险大吗？

答：偶尔有些风险，但这种情况也不多，就少数那么几个人吧。

个案 H—8

访谈地点：温州瑞安塘下村

访谈对象基本情况：女，45 岁，个体户。

问：向您借钱的人跟您是什么关系？您会不会借？如果会，为什么会借？

答：亲戚朋友借钱，一般都会借，没有办法的，如果你不借，这个感情可能会弱很多了，而且，会受到大家都认识的人的指责的，说你不讲人情。

问：如果没有规定借贷期限，一般借方会在什么时候还钱？

答：如果那个人是有良心的，他自己有钱了就会还的，这个没什么好欠的，如果别人急着用，理所当然也还了。

问：是不是在紧急的情况下才借钱？如果是，为什么要在紧急的情况下才去借？

答：不一定，有时候在不紧急的情况下也会借钱。

问：在借钱时，贷方会不会主动了解资金用途？

答：要是借钱数目较大的话，那我会关心一下他钱怎么用，也会主动问。要是数目不大，也就没关系了，一般也不会还不上。

问：借贷行为能否促进您与对方的关系？

答：有点促进作用，特别是和那些关系稍微淡些的熟人。

问：您觉得亲戚朋友之间的借贷风险大吗？

答：一般没什么风险，因为都不会不还，关系本来都还可以，要借了不还，会被人说的，而且以后别人也很难再借给你钱。

个案 H—9

访谈地点：温州瑞安塘下村

访谈对象基本情况：男，32 岁，私营企业主

问：向您借钱的人跟您是什么关系？您会不会借？如果会，为什么会借？

答：借钱就是为了使两个人的关系更好，如果一个人需要钱，而你不给的话，可能就会使两个人的关系变坏，如果那个人的信誉好，我们的关系好，而不借的话，旁人会说死你的，你也就别想到别人那里借到钱了。

问：如果没有规定借贷期限，一般借方会在什么时候还钱？

答：现在朋友之间的借贷一般都是没有期限的，但总欠着的人也不多，钱总是会很自觉得还的，要不然两个人的关系就不好说了。别人也是要用钱的，为什么要放在你那里呢！

问：是不是在紧急的情况下才借钱？如果是，为什么要在紧急的情况下才去借？

答：我是在紧急的情况下借钱的，主要是个人情的问题，这样欠的人情小一些。

问：在借钱时，贷方会不会主动了解资金用途？

答：不会。钱怎么用不是我的事，只要他到时候能还上就行了。

问：借贷行为能否促进您与对方的关系？

答：人家提出向你借钱了，你还就得借，不然人家怎么想啊？所以不存在促进的问题，都是应该做的，而且大家也都这么做。

问：您觉得亲戚朋友之间的借贷风险大吗？

答：没什么风险。这种钱是绝对不能欠着不给的，要是不给，别人会说你没信用，不讲良心，以后还有哪个敢借钱给你啊？

个案 H—10

访谈地点：温州瑞安塘下村

访谈对象基本情况：男，34岁，私营企业主

问：向您借钱的人跟您是什么关系？您会不会借？如果会，为什么会借？

答：一般只有我的朋友才会向我借钱，亲戚都比较富有，不用借了，我一般都会借给他的，自己也不缺这点钱，又不急着用。这既能获得好的口碑，也能为维持两个人之间的关系作出一点贡献。

问：如果没有规定借贷期限，一般借方会在什么时候还钱？

答：欠债要自觉还的，特别是在关系比较好的人之间，每个人都不希望别人欠自己钱，但别人一般是不会主动要的，所以自己要主动，有钱了就还，别人有用了就还。

问：是不是在紧急的情况下才借钱？如果是，为什么要在紧急的情况下才去借？

答：不紧急的情况下也会借钱，做生意什么时候用钱说不准，有时候用钱会很急。

问：在借钱时，贷方会不会主动了解资金用途？

答：没有必要主动去问，一方面是借方一般都会讲明，另一个是他不大能借了不还，所以别人怎么用钱根本就用不着操心。

问：借贷行为能否促进您与对方的关系？

答：关系不好的人一般都不会借，所以没有促进这个意思，顶多算维持吧，因为要是不借的话，人家会说的。

问：您觉得亲戚朋友之间的借贷风险大吗？

答：不大，一般谁敢借了不还哦。你要不还，谁都会说你不诚信，以后就没人敢借钱给你了。

个案 H—11

访谈地点：温州市瓯海区塘西村

访谈对象基本情况：女，28岁，个体户。

问：向您借钱的人跟您是什么关系？您会不会借？如果会，为什么会借？

答：做生意的么，讲究的就是个人情，而且，什么时候自己用到钱也说不定，所以在别人有困难的时候，就应该帮助一下，要不然别人将来怎么可能帮助你呢！而且，一般大家都住得很近，要考虑到别人的想法。

问：如果没有规定借贷期限，一般借方会在什么时候还钱？

答：这看借方是什么人了，跟关系有关系，跟信用也有关系。

问：是不是在紧急的情况下才借钱？如果是，为什么要在紧急的情况下才去借？

答：这个说不准，有时候不紧急也会借钱。

问：在借钱时，贷方会不会主动了解资金用途？

答：会，特别是借钱金额大的时候。

问：借贷行为能否促进您与对方的关系？

答：本来关系就不错了，没有什么促进这个想法的。一般人家问你借钱，都得借，都在一起做生意，帮忙是应该的，再说了，你不借的话，以后自己有什么事情需要人家帮忙，你怎么好开口啊？

问：您觉得亲戚朋友之间的借贷风险大吗？

答：哪有什么风险。都比较自觉，会到时候就还的，再说了，敢不还吗？不还大家都说，以后谁还会借钱给你啊！

个案 H—12

访谈地点：温州市瓯海区塘西村

访谈对象基本情况：女，32岁，小学教师

问：向您借钱的人跟您是什么关系？您会不会借？如果会，为什么会借？

答：亲戚朋友有困难都会帮助一下的，我们这个地方就是这样子的，我觉得挺好的，每个人都会有困难的时候，总是要别人帮忙的，如果自己不帮，别人又怎么会帮助自己。

问：如果没有规定借贷期限，一般借方会在什么时候还钱？

答：不一定，每个人都会不一样的，有人自觉，有人就是怎么都不还。

问：是不是在紧急的情况下才借钱？如果是，为什么要在紧急的情况下才去借？

答：不紧急的情况下也会借钱，反正会还的。

问：在借钱时，贷方会不会主动了解资金用途？

答：会，我总不能借钱给别人去干些莫名其妙的事情吧。

问：借贷行为能否促进您与对方的关系？

答：还是能促进的，相互帮帮忙，多来往来往，关系肯定会更好。

问：您觉得亲戚朋友之间的借贷风险大吗？

答：风险还是有的，自觉的就没事，不自觉的就有点麻烦，不过基本上问题不大，不自觉的还是少数，而且借了一次就没有下次了。

个案 H—13

访谈地点：温州市瓯海区塘西村

访谈对象基本情况：男，42 岁，中学教师

问：向您借钱的人跟您是什么关系？您会不会借？如果会，为什么会借？

答：跟我接触比较多的都是教师，他们不缺，其他人跟我的联系较少，一般都没有怎么借。

问：如果没有规定借贷期限，一般借方会在什么时候还钱？

答：会很自觉还的，别人开口要就不好意思了，所以一般都会自觉地还，而且这也是应该的。有钱了不还，不道义，别人需要了，更是应该还。

问：是不是在紧急的情况下才借钱？如果是，为什么要在紧急

的情况下才去借？

答：我是在很紧急的情况下才会借钱，这是因为不紧急借钱不道义，别人也会把钱借给你，但是这样做会欠别人很大的人情。

问：在借钱时，贷方会不会主动了解资金用途？

答：当然会了，要是用得不好，到时候还不还得上还是个问题呢。

问：借贷行为能否促进您与对方的关系？

答：不存在促进的问题，都是些朋友什么的，关系本来就不错。再说了，不借也不成啊，那别人就会另眼看你了。

问：您觉得亲戚朋友之间的借贷风险大吗？

答：没什么风险，一般都会按借钱时的说法归还的。再说了，要是不还，不讲信用，谁都会说，哪敢不还！

个案 H—14

访谈地点：温州市瓯海区塘西村

访谈对象基本情况：女，53 岁，无业

问：向您借钱的人跟您是什么关系？您会不会借？如果会，为什么会借？

答：我到别人那里借钱还挺多的，但别人找我不是很多，但是如果别人找我借，我还是会给的，因为我也经常找别人借钱。如果自己不借，别人会说你自私的。

问：如果没有规定借贷期限，一般借方会在什么时候还钱？

答：我也有过这样的事情，我总是会自动地还给别人的，自己有钱了就还给别人了，别人要用钱了，我也会想办法把钱搞给他。

问：是不是在紧急的情况下才借钱？如果是，为什么要在紧急的情况下才去借？

答：很多人都会在很紧急的情况下才会借的，借钱本身就是看在关系上的，总不能欠别人很大的面子，更不能在不需要的时候把别人的钱拿过来用。

问：在借钱时，贷方会不会主动了解资金用途？

答：会，知道了钱怎么用的才好放心借嘛。

问：借贷行为能否促进您与对方的关系？

答：本来就是熟人了，没什么促进不促进的。

问：您觉得亲戚朋友之间的借贷风险大吗？

答：不大，亲戚朋友间借钱，一是都比较自觉，不会赖账，二是也都不敢赖账，要被其他的人知道了，谁还敢借钱给你哦。

个案 H—15

访谈地点：温州市瓯海区塘西村

访谈对象基本情况：男，26岁，工人

问：向您借钱的人跟您是什么关系？您会不会借？如果会，为什么会借？

答：我只是个工人，没什么钱。

问：如果没有规定借贷期限，一般借方会在什么时候还钱？

答：我都是有钱了就还的，如果别人有用了，跟我说一下，我也会还过去，我想别人也是这么做的。

问：是不是在紧急的情况下才借钱？如果是，为什么要在紧急的情况下才去借？

答：肯定是在紧急的情况下才会借钱，这样的话，别人也不会说你什么，毕竟是用到钱了。一般人是不会在不需要的时候用别人的钱的。欠人情何必呢！

问：在借钱时，贷方会不会主动了解资金用途？

答：我不会，钱怎么用是人家的事情，只要他到时候还上了，什么都可以不管。我还没有遇到借我钱不还的情况。

问：借贷行为能否促进您与对方的关系？

答：没什么感觉，相互帮忙，应该的，没去想那么多。

问：您觉得亲戚朋友之间的借贷风险大吗？

答：风险？基本上没有吧。大家都还比较自觉，不会没事老拖着。也不敢老拖着，不然别人说你没信用，那传出去可不是好玩的。

个案 H—16

访谈地点：温州市瓯海区塘西村

访谈对象基本情况：女，33 岁，个体户

问：向您借钱的人跟您是什么关系？您会不会借？如果会，为什么会借？

答：自己都会缺钱花，还借给别人呢！

问：如果没有规定借贷期限，一般借方会在什么时候还钱？

答：每个人都不一样的，有好人，也有不好的人。

问：是不是在紧急的情况下才借钱？如果是，为什么要在紧急的情况下才去借？

答：是在紧急的情况下才借，没用把钱拿着干什么啊，又不是拿来看的，没有必要这样做。

问：在借钱时，贷方会不会主动了解资金用途？

答：会啊！不然能放心借钱出去吗？

问：借贷行为能否促进您与对方的关系？

答：有点促进的效果吧，有事大家帮忙，能不促进关系吗？

问：您觉得亲戚朋友之间的借贷风险大吗？

答：风险还是有，要遇上那些不讲信用的人，也就没什么办法了。

个案 H—17

访谈地点：温州市洞头县东岙村

访谈对象基本情况：女，37 岁，私营企业主

问：向您借钱的人跟您是什么关系？您会不会借？如果会，为什么会借？

答：借钱的都是一些做生意的比较多，如果他们需要，我又有钱的话，会借的，都是朋友么，总是要给点儿，意思一下，要不然，怎么叫朋友呢！而且，这些事情很快会被我们共同的朋友知道的。

问：如果没有规定借贷期限，一般借方会在什么时候还钱？

答：自觉点，对每个人都是好的，有钱了就还，别人有用了，也就还过去，这样对两个人都是很好的，本身也应该是这样的。

问：是不是在紧急的情况下才借钱？如果是，为什么要在紧急的情况下才去借？

答：不紧急最好是不要借，没有必要，而且会欠别人人情，人情总是要还的，不可能不还的。

问：在借钱时，贷方会不会主动了解资金用途？

答：还是要问一下钱的大致用途。做生意用的话，就要问细些，生活上的开销我就不会去管了。

问：借贷行为能否促进您与对方的关系？

答：谈不上促进，都是熟人。当然也不能有钱不借，不然以后你自己有什么事情谁还愿意帮你啊？

问：您觉得亲戚朋友之间的借贷风险大吗？

答：没啥风险，关系都不错，谁也不会厚着脸皮说不还钱，要不然以后谁还会借钱给你啊。

个案 H—18

访谈地点：温州市洞头县东岙村

访谈对象基本情况：女，25 岁，个体户

问：向您借钱的人跟您是什么关系？您会不会借？如果会，为什么会借？

答：会借的，只要有钱，一般都会给的，借钱的都是自己的朋友，一般都是周围做生意的比较多，街坊邻居要帮帮忙，我们常有一时没钱的时候，比如进货，调剂一下是很多的，如果不这么做，对自己不利，别人也会说你的。

问：如果没有规定借贷期限，一般借方会在什么时候还钱？

答：我遇到的人有的债主像大爷一样，有人就是这样，做人做得不诚信，这样别人也就不敢借给你了。

问：是不是在紧急的情况下才借钱？如果是，为什么要在紧急的情况下才去借？

答：是的，在紧急的情况下才会借钱的，借钱是要还别人人情的，何必无缘无故欠别人人情呢！

问：在借钱时，贷方会不会主动了解资金用途？

答：不会，没必要，到时候能还上就可以了，不用问人家那么多。

问：借贷行为能否促进您与对方的关系？

答：反正不借别人会说，借了也是理所当然，没有促进的说法，互相帮忙嘛。

问：您觉得亲戚朋友之间的借贷风险大吗？

答：我遇到过借钱故意拖着不还的，所以还不能说没风险，关键要看你遇上的是什么人了。

个案 H—19

访谈地点：温州市洞头县东岙村

访谈对象基本情况：男，38岁，事业单位工作人员

问：向您借钱的人跟您是什么关系？您会不会借？如果会，为什么会借？

答：向我借钱的一般都是我的亲戚，我一般都会借给他们的，自己一般用不到很多钱，拿点工资用一下就行了。

问：如果没有规定借贷期限，一般借方会在什么时候还钱？

答：这世界什么人都有，有些人是好的，但有的人就是不还，也找各种理由，总是有这样的人的。

问：是不是在紧急的情况下才借钱？如果是，为什么要在紧急的情况下才去借？

答：我们这里的人一般都是在紧急的情况下才借钱的，不紧急借钱，别人说你不说，你还会欠别人人情。

问：在借钱时，贷方会不会主动了解资金用途？

答：会，要是不问清楚，指不定就会有什么纠纷。

问：借贷行为能否促进您与对方的关系？

答：我们一般都是关系不错的人才借钱，没有想到促进不促进关系。反倒是不借的话，关系会不好。

问：您觉得亲戚朋友之间的借贷风险大吗？

答：还好吧，没有很明显的感觉。大家也都比较自觉，不会不讲信用。毕竟要是不还，传出去了多不好。

个案 H—20

访谈地点：温州市洞头县东岙村

访谈对象基本情况：男，56 岁，农民

问：向您借钱的人跟您是什么关系？您会不会借？如果会，为什么会借？

答：我们农民没有什么钱，一般都是向别人借的，种地赚不了几个钱，但如果别人向我借，我也会尽力的。我可能有一天也需要他们，而且如果不借，别人会说你的。

问：如果没有规定借贷期限，一般借方会在什么时候还钱？

答：一般人都会还的，期限不是个问题，自己有钱了就要还给别人，这是对别人负责。如果别人用到钱了，跟你说了一下，你就要还给别人。

问：是不是在紧急的情况下才借钱？如果是，为什么要在紧急的情况下才去借？

答：这个不一定的，有些人是在紧急的情况下借钱，有些人就不是。

问：在借钱时，贷方会不会主动了解资金用途？

答：会。得看看钱怎么用才敢借啊，我又不是钱多得不得了的人。

问：借贷行为能否促进您与对方的关系？

答：会吧。借钱也是帮忙嘛。能相互帮忙，关系自然会变好。

问：您觉得亲戚朋友之间的借贷风险大吗？

答：基本上不存在这个问题。亲戚朋友嘛，关系都不错，谁也拉不下那个面子啊。况且要是不讲信用，那大家还不都得说啊。

个案 H—21

访谈地点：温州市洞头县东岙村

访谈对象基本情况：男，50岁，私营企业主

问：向您借钱的人跟您是什么关系？您会不会借？如果会，为什么会借？

答：借钱的事常有，家常便饭一样，怎么可能会不借呢，你总有一天也会用到他们的，这不叫利用，这叫人情。而且，如果关系好，你不借，周围的人会说你很自私的，更别想将来借到钱了。

问：如果没有规定借贷期限，一般借方会在什么时候还钱？

答：这个问题还要问，有钱了就还给别人，这是应该的，又不是把钱借给你投资的，是应急用的。一旦别人用到钱了，那更是应该还。

问：是不是在紧急的情况下才借钱？如果是，为什么要在紧急的情况下才去借？

答：一般都是在紧急的情况下才借钱，否则，真是不可以理解，向私人借钱，别人顶多也就拿那么一点钱给你，数额不会很大，所以在紧急的情况下借也能借得到，何必欠别人人情呢！

问：在借钱时，贷方会不会主动了解资金用途？

答：会，不然哪敢随便借啊。

问：借贷行为能否促进您与对方的关系？

答：这个倒没觉得，本来借钱的就是关系挺好的人。但要不借的话，就不好说了。实在借不了，当然没话说，不过要是能借又不借，就会比较麻烦，不过这种事情一般不多见，我基本上都没碰到过。

问：您觉得亲戚朋友之间的借贷风险大吗？

答：风险啊，没觉得。自觉是一个，再一个，也基本上没有谁敢不守信用，不然谁以后还会借钱给他啊。

个案 H—22

访谈地点：温州市洞头县东岙村

访谈对象基本情况：女，34 岁，个体户

问：向您借钱的人跟您是什么关系？您会不会借？如果会，为什么会借？

答：自己都要向别人借钱，没有钱借给别人，如果有，也会借一下的，总归是别人帮了自己，我们也要回报一下。

问：如果没有规定借贷期限，一般借方会在什么时候还钱？

答：有钱就还，没钱的话没办法，但别人要急用，借也得借过来把它还了。

问：是不是在紧急的情况下才借钱？如果是，为什么要在紧急的情况下才去借？

答：是啊，紧急的时候才借，不紧急就没有必要了啊，又没什么用，就借，还会让别人不能理解。

问：在借钱时，贷方会不会主动了解资金用途？

答：不会，一般借钱的都是比较可靠的，不用管那么多。

问：借贷行为能否促进您与对方的关系？

答：一般借钱的关系都还不错，所以就没有促进这一说了。关系不好的别人也不会问你借。不过能借又不借的话，关系就会不好了。

问：您觉得亲戚朋友之间的借贷风险大吗？

答：不存在什么风险的，没有那么一回事。都是亲戚朋友，哪个好意思赖着不还啊？要是不还，被人说倒是小事，一个是自己良心上也过不去，再就是以后你要有什么事情谁还会来帮你忙啊。

个案 H—23

访谈地点：温州乐清桥下村

访谈对象基本情况：女，52 岁，个体户

问：向您借钱的人跟您是什么关系？您会不会借？如果会，为什么会借？

答：亲戚朋友会借一下，一般都会借的，关系在那里，不借不好意思，两个人会有矛盾的，大家都认识的人也会骂我们没感情的。

问：如果没有规定借贷期限，一般借方会在什么时候还钱？

答：借钱是要还的，但有时也不一定要很主动，别人有用了，会跟你说的。

问：是不是在紧急的情况下才借钱？如果是，为什么要在紧急的情况下才去借？

答：当然是在紧急的情况下才借钱的，这样做对自己是很有好处的，不会欠别人很大的人情，有时候没有必要就不要借。

问：在借钱时，贷方会不会主动了解资金用途？

答：不用去了解，都是朋友间借来借去的，又不担心什么。

问：借贷行为能否促进您与对方的关系？

答：促进说不上，因为关系好的人才借钱，不过借钱能保持关系，因为要是不借的话，面子上很过不去的。

问：您觉得亲戚朋友之间的借贷风险大吗？

答：不能说大，但也还是有。我就碰上过借钱不还的，关系原本也算不错。不过后来我就再没借钱给他了。

个案 H—24

访谈地点：温州乐清桥下村

访谈对象基本情况：男，48 岁，裁缝

问：向您借钱的人跟您是什么关系？您会不会借？如果会，为什么会借？

答：旁边做生意的借的比较多，大家都是在一条街上做生意，总是要相互帮助的，这样别人才会帮助你。相反，别人会说你这个人很不给面子。

问：如果没有规定借贷期限，一般借方会在什么时候还钱？

答：本身借钱给你就是很大的恩情了，有钱了当然要还，不能等到别人开口，如果别人有用了，也要还过去。

问：是不是在紧急的情况下才借钱？如果是，为什么要在紧急的情况下才去借？

答：借钱是要在紧急的情况下才好借，在不紧急的时候借钱，就欠了别人一个比较大的人情，别人的钱又不是没有用的。

问：在借钱时，贷方会不会主动了解资金用途？

答：不会，一般没事不会借钱，借钱肯定有事，根本就不需要问。

问：借贷行为能否促进您与对方的关系？

答：这个倒没有觉得，关系不好的，人家也不会问你借。

问：您觉得亲戚朋友之间的借贷风险大吗？

答：要看是什么样的亲戚朋友。那种啥也不讲的，就还是不怎么讲信用。

个案 H—25

访谈地点：温州乐清桥下村

访谈对象基本情况：女，31 岁，个体户

问：向您借钱的人跟您是什么关系？您会不会借？如果会，为什么会借？

答：没钱借给别人，所以后面的我都不知道。

问：如果没有规定借贷期限，一般借方会在什么时候还钱？

答：借了别人的钱，只能等到有钱，才能还啊！

问：是不是在紧急的情况下才借钱？如果是，为什么要在紧急的情况下才去借？

答：肯定是在紧急的情况下才借钱啊，如果不紧急何必去欠这个人情呢！本身每个人借钱都是看在面子上的。

问：在借钱时，贷方会不会主动了解资金用途？

答：会，主要是看借钱是为了什么事情，有些事情能借，但有些就不敢借。

问：借贷行为能否促进您与对方的关系？

答：倒不是促进，算得上维持吧，因为本来关系好的人才借。不过要是有能力借又不借的话，关系就会变淡。

问：您觉得亲戚朋友之间的借贷风险大吗？

答：有些风险，不过也要看人。讲点良心的人还是没问题的，要那些不讲良心，不讲道德的人，就会比较麻烦。

个案 H—26

访谈地点：温州乐清桥下村

访谈对象基本情况：男，38 岁，私营企业主

问：向您借钱的人跟您是什么关系？您会不会借？如果会，为什么会借？

答：借钱这事就是个相互往来的过程，如果别人总是不借，总是自己借也是不可能的，对自己来说也是一样的。而且，旁边还有一群朋友，他们都在看着，不能不借的，除非是两个人的关系不好。

问：如果没有规定借贷期限，一般借方会在什么时候还钱？

答：借钱一定要还，而且要很自觉，别人要就把这人情给破坏了，有钱就还，这是应该的。

问：是不是在紧急的情况下才借钱？如果是，为什么要在紧急的情况下才去借？

答：不紧急的情况下也可能会借的，这个不一定。

问：在借钱时，贷方会不会主动了解资金用途？

答：不一定吧，再说了，对方一般会先说明，用不着主动去问。

问：借贷行为能否促进您与对方的关系？

答：关系好的才借，不存在促进与不促进的问题。

问：您觉得亲戚朋友之间的借贷风险大吗？

答：个人跟个人不一样。好的亲戚朋友间就没什么风险，只要说需要还了，别人怎么都会还的。有些不怎么好的，就会有些麻烦，具体挺难讲的，主要是看情况吧。

个案 H—27

访谈地点：温州乐清桥下村

访谈对象基本情况：男，33 岁，企业中层管理者

问：向您借钱的人跟您是什么关系？您会不会借？如果会，为什么会借？

答：借钱都是给朋友比较多，既然是朋友的话，就是要借的，不借自己也过不去，总觉得不是很讲义气。

问：如果没有规定借贷期限，一般借方会在什么时候还钱？

答：很多人都不一样的，这个问题很难回答，没有一个确定的答案。

问：是不是在紧急的情况下才借钱？如果是，为什么要在紧急的情况下才去借？

答：肯定是在紧急的情况下才借钱，不紧急的情况下借钱，会欠很大的人情的，人情是要还的。

问：在借钱时，贷方会不会主动了解资金用途？

答：一般会的，不然不敢放心借钱给人。

问：借贷行为能否促进您与对方的关系？

答：还是能促进关系的，相互帮忙嘛。

问：您觉得亲戚朋友之间的借贷风险大吗？

答：还好了。一般都不会有什么风险，大家都还比较自觉，比较讲信用。退一步讲，也不大敢不讲信用，不然要被人骂的。

个案 H—28

访谈地点：温州乐清桥下村

访谈对象基本情况：男，40 岁，个体户

问：向您借钱的人跟您是什么关系？您会不会借？如果会，为什么会借？

答：向我借钱的人比较多，亲戚啊，朋友啊，邻居啊，等等，一般只要自己有钱都会借的，不借不太好，别人会说你，两个人的关系也很容易坏了。

问：如果没有规定借贷期限，一般借方会在什么时候还钱？

答：我周围的人一般都是会主动地还的，但也有些人不是这样的。

问：是不是在紧急的情况下才借钱？如果是，为什么要在紧急的情况下才去借？

答：紧急的情况下借钱才能借到钱，但如果不紧急就不借了，会欠很大的人情的，没有必要。

问：在借钱时，贷方会不会主动了解资金用途？

答：不会，没必要啦，人家有事才会借钱，一般都不会出问题。

问：借贷行为能否促进您与对方的关系？

答：多少还是有点吧，至少对方会在有些事情上卖个面子什么的。

问：您觉得亲戚朋友之间的借贷风险大吗？

答：没啥风险，一个是大家本来就不属于长期缺钱那种情况，二是也都比较自觉，三就是大家平时走得都比较近，谁怎么样一下子就都知道了，也都不敢不还或是赖账。

个案访谈资料——资金互助组织

个案 Z—1

访谈地点：温州瓯海区源口村

顺序是抽签决定的，每个人都把要"呈会"的钱放在一起，然后去吃饭，在饭桌上抽签决定谁收会。收会者请客，一顿饭一般要1400—1600元。没有利息，每个会11人，是3万元会，1个月出一次。会员以前不认识，吃饭了以后就认识了，只是认识其中的一部分人。

"会主"的个人能力往往不是很重要，主要是看他是将资金用做什么，如果是用来做生意的话，就要看看他的经营能力了。

个案 Z—2

访谈地点：温州瓯海区源口村

顺序是由抽签决定的，每次聚在一起时才抽，当场公布，抽中的人得会，得会后每个月要多出100元，每个人都只有一次机会。

这是个 1 万元会，有 11 个人参加每个月轮一次。

"会主"要有比较好的人缘，人际关系很重要，如果不是将资金用来做生意，经营能力不是很重要。

个案 Z—3

访谈地点：温州瓯海区源口村

这个互助会由 11 人组成，1 个月轮一次，"会主"每次 500 元，其他人收会后，从下一次开始，每次 520 元。

"会主"：一般是 30—50 岁之间，没准，年轻人一般不会搞，一般都是结婚了的。对学历、宗教信仰没有限制，一般是家庭经济实力不好才会叫。主要是钱还不了了，需要用钱，以前造房子，没钱了就叫会了。随便什么人都可以叫会的。

参与者都是同地方的人，都是熟悉认识的，平常经常有来往。

没有风险，因为金额小，金额大了就会有风险。一个人出不起钱了，借都会借过来的。"会主"也不会倒会，是地方人，走不了的。

一个"会"应完了才退出，一个"会"结束了，要应的继续，不应的退出。

"会主"叫会时，会跟会员说已经有谁应会了。

很久以前就叫会了。最流行的时候已经有几十年了。现在应会太小了，资金满足不了，人们如果去应会为了拿利息，应大了，风险大，不会参加的。前几年还好应，这几年就不好应了。因为这几年生意不好了，资金流动小了。

个案 Z—4

访谈地点：温州瓯海区源口村

呈会有为造房子的，是没有利息的，没有利息的要请吃酒；有为做生意的，是有利息的。一般要拿出 10% 作为利息，这个利息挺高了。会由 11 个人组成，一个人每个月 1000 元。

这个地方都没有出现过倒会的情况。没有利息的，真的没钱了就算了，实在是经济困难，金额也比较小。

会里面每个人都认识，都是比较了解的。"文化大革命"时期，最流行，那个时期经济状况最好，生意最好，一般每个人10元。

"会主"一般经济条件比较差，会员的经济条件要好点，所以一般来说，"会脚"不会要求"会主"有很强的经营能力的。都是男人参加，女人的也有，但很少。因为男人是家庭的主要成员，会员都是男的。

现在没有钱赚了，有钱也不应会了，搞大了会员的钱拿不出来。

个案 Z—5

访谈地点：温州瓯海区源口村

我参加的呈会是每个人每个月出1000元，得会后多出100元，由11个人组成，应会一般是"会主"有困难，大家帮助一下，主要是看在面子上的，真要算利息那是很少的。应会一般都是面子关系，不讲利息。"会主"也不送东西，也不会请吃饭，这样太麻烦了。

"会主"首先还是人做得好，如果是生活上的困难，那么只要他人比较好，一切都好说了，如果他是生意上要用钱，得看看他的能力。

个案 Z—6

访谈地点：温州瓯海区塘西村

这个互助会每个人出资500元，由11个人组成，一个月轮一回，得会后多出50元，意思一下。主要是个面子问题，都是隔壁邻居，相互帮助一下，也是应该的。利息是很低的，高了还不好意思拿。

以前发起的人都是生活上有困难的人，但现在很多人发起是为了投资，如果是投资的话，还是要看一下他的能力的，这毕竟是关系到我们的钱怎么回来的问题。

个案 Z—7

访谈地点：温州瓯海区塘西村

第一个"呈会"是 5 个月一次，是个"楼梯会"，第一个人要出 3000 元，最后一个是 1200 元，该会由 11 人组成，有会单。大家都是教友（信基督教），顺序是不可调整的。

"会主"一般是女的比较多，也有一部分是男的，会主要人比较好，讲信用，这样别人才有可能会把人召集起来。生活上的困难需要资金的，这样的"会"一般利息比较低，即使有时候知道"会主"人不怎样，也会响应一下，但如果是做生意的话，就应该看看他的能力了。

个案 Z—8

访谈地点：温州瓯海区塘西村

我是这个会的"会主"，但是是由我二姨发起的，由 11 个人组成，因此，我与其他参与者并不熟悉。会员都是我二姨的亲戚或朋友。收钱都是我二姨去的（二姨履行了"会主"的职责）。如果有人出不了钱，"会主"要先垫上。有些人参加是为了自己有资金需求，有些人参加是由于面子问题。这个金融互助会是每个人出 2000 元，得会后，出 2200 元，每 2 个月轮一次。

什么样的人能当"会主"？其实每个人只要你愿意，只要你人比较好，就能当，有些人不搞是因为觉得烦。现在很多人是把钱拿来投资的，那就要看看他投资什么，他能否赚钱了，这毕竟是有风险的，特别是金额比较大的时候。

个案 Z—9

访谈地点：温州瓯海区塘西村

这是一个"楼梯会"，由 11 个人组成，是个 10 万元会，半年聚一次，"会主"主要是为了投资，所以才发起的。参加的原因，一方面是为了自己可以吃些利息，比银行的要高一些，另外，也是出于对朋友的帮助，会里的其他人都不是很熟悉，但我觉得没有什么风险，因为只要认识"会主"，其他的都很好说的。

应会只要看准"会主"就行了，其他的不是很重要，我们应这个会，金额比较大，"会主"就是拿来做生意的，他这个人的能力比较强，我还是很相信他的。

个案 Z—10

访谈地点：温州瓯海区塘西村

这是一个 21 人的万元"楼梯会"，"会主"首先出 1500 元，每个月以 100 元递减，第一个得会的"会脚"每次出 1500 元，最后一个每次出 600 元。

"呈会"很早就有了，不管别人是将应会的钱用来干什么，如果关系好，我们都会参加，如果关系不好，我就不会参加了。

个案 Z—11

访谈地点：温州瓯海区塘下村

这个"会"由 11 人组成，是个"楼梯会"，"会主"第一次出 2000 元，然后递减 100 元，得第一会的"会脚"每次出 2000 元，最后一位每次出 1400 元，每 3 个月搞一次。

我们这个"呈会"的"会主"是个中年人，家庭还不错，这个钱主要是用来做小生意，我还是考虑了他做什么生意，有没有前途。毕竟这钱是自己的。

个案 Z—12

访谈地点：温州瓯海区塘下村

"会主"欠账，需要用钱。都是同一个地方的人。叫会没困难，想叫就叫，别人会主动找"会主"的，他们又有钱关系又好。总共有 16 个人，但有 17 脚，第一次收 16000 元，60 块钱的利息，收会后要拿出来。会员的经济实力都还可以，都是女的。收钱、拿钱给收会的人都是"会主"的责任。大家关系都好，所以没有风险。一月一次，人员不能变动，顺序是由"会主"安排的，"会主"会征求大家的意见，个人是可以调动的。

"会主"都是欠债的，而且我们关系很好，就没什么好说的，他说了一下，我就去了，帮个忙也是应该的。

个案 Z—13

访谈地点：温州瓯海区塘下村

目的主要是为了用到钱的时候比较方便。该会由 11 人组成，1 个月 1 次，轮到谁就到谁家喝酒。

附表 3—1　　　　　　　　轮会出资次序　　　　　　　单位：元

次序	1	2	3	4	5	6	7	8	9	10	11
会主	0	1100	1100	1100	1100	1100	1100	1100	1100	1100	1100
1	1000	0	1100	1100	1100	1100	1100	1100	1100	1100	1100
2	1000	1000	0	1100	1100	1100	1100	1100	1100	1100	1100
3	1000	1000	1000	0	1100	1100	1100	1100	1100	1100	1100
4	1000	1000	1000	1000	0	1100	1100	1100	1100	1100	1100
5	1000	1000	1000	1000	1000	0	1100	1100	1100	1100	1100
6	1000	1000	1000	1000	1000	1000	0	1100	1100	1100	1100
7	1000	1000	1000	1000	1000	1000	1000	0	1100	1100	1100
8	1000	1000	1000	1000	1000	1000	1000	1000	0	1100	1100
9	1000	1000	1000	1000	1000	1000	1000	1000	1000	0	1100
10	1000	1000	1000	1000	1000	1000	1000	1000	1000	1000	0

会员都是同村人，平时关系都一般。"会主"有急用所以就发起了。自己参加的目的是为了需要用钱时可以用。应会后关系还是跟以前一样。依次轮完了就完了。次序可以调整，只需要两个需要调整的人同意，再跟"会主"说一声就行了。

"会主"和会员商量，再决定次序，是"会主"和会员单独互动的。

宗教因素没有考虑在呈会里面。

现在的很多呈会都是将钱用来做生意的，可能这生意并不大，但我们还是知道他的能力和做什么生意的。

个案 Z—14

访谈地点：温州瓯海区塘下村

与"会主"比较熟，53 岁。这个会有 16 人，4 个月出一次钱，一次是 1500 元，得会后是 2000 元，"会主"每次都是 2000 元，"会主"得会的时候，每个人要出 2000 元。

次序是"会主"决定的，当然自己也可以要求，可以跟别人商量了，换次序。"会主"人比较好，生活上也一般不会有问题，但是我觉得很重要的一点是我们要知道"会主"是将钱用于干什么，如果是用来做生意，还是要看一下他的能力与做什么生意的。

个案 Z—15

访谈地点：温州乐清桥下村

"会主"是个公交驾驶员，为他女儿上学，所以会员都是同一单位的，如果一个人没有钱了，"会主"就会替他补上，每次收钱都是"会主"出面，没有出现拿不到钱的情况。得会后是 550 元，没有得会是 500 元，由 11 人组成，"会主"每次拿出 500 元，一个月 1 次。第一次"会主"收会时，请大家吃饭，后面就没有这种事情了，顺序是大家要求再决定的。

他是生活比较困难，所以，我们根本就不会考虑他的能力，但如果他是把钱用来做生意，那我们还是要看看他在做什么生意，他是不是适合做生意，这还是很重要的。

个案 Z—16

访谈地点：温州乐清桥下村

"会主"是女的，30 多岁，是同事，很熟悉，但关系一般，为了自己省钱。所有参加的都是同事，没有风险。得会后是 1100 元，没有得会是 1000 元，由 11 人组成，"会主"每次拿出 1000 元，一个月 1 次。

我们关系很好，一般她做什么，我都会比较支持的，只要不是干什么违法的事情。如果是做生意，我还是鼓励她去的。

个案 Z—17

访谈地点：温州乐清桥下村

这是个 5 万元会，4 个月出一次，由 21 人组成，得会后多出 300 元。对"会主"是比较了解的，是个女的，做生意的，30 多岁，跟我差不多，信用好，经济实力一般，社会关系还可以的。主要是买房子，自己也想买房子。参加"会"，主要是为了帮助他。现在买房子是很好的投资，即使是自己住，也是很好的，会升值的。如果是做别的生意，我会考虑一下他做什么，是不是有好的前景。

如果"会主"倒会了，没有想过怎么办，根本没想过"会主"会倒会。对"会主"很信任，关系比较多，真的倒了，也没有办法。不会跟不了解的人应会的。大家都认识，还是好一点儿。在 5 万元会里，个别是认识的，大多是不认识的。

个案 Z—18

访谈地点：温州乐清桥下村

每个月出 1000 元，由 11 个人组成，没有利息，"会主"与"会脚"出资是相等的，而且每次出资都是相等的。大家都是邻居，都比较熟悉，有点困难了，就这样帮助一下，对邻居的感情也是有好处的。

"会主"跟我们关系都很好，如果他是要做生意，用到钱了，我们也会支持他，不会去考虑那么多。关系好，什么都是好说的。

个案 Z—19

访谈地点：温州乐清桥下村

那是在几年前了，每个月出 500 元，有 11 个人组成，都是我的好姐妹，从小玩到大的，"会主"临时有用，就这样凑起来，让她拿去用。所以，没有利息的，但轮到谁得会了，那个人要请大家到她家吃顿饭。

生活困难和生意上的资金困难是不同的，生活上的困难我们理所当然地帮助她，但是如果是做生意，就应该看看她做什么生意。

个案 Z—20

访谈地点：温州乐清桥下村

每个月每个人出 1000 元，这个"会"由 11 个人组成，人太多也是不可能的，因为这种"会"是不收利息的，组成的人都是比较要好的。

生活上的困难，作为亲戚朋友都是应该提供帮助的，但是如果是把钱用来做生意的，是要看一下他做的是什么生意，他能否做生意。毕竟这是不一样的性质。

个案 Z—21

访谈地点：温州乐清桥下村

一、本会宗旨：使各会员在经济上达到互助互利之目的，共有 25 名人员组成，定于（古历）四月二十日至二十三日实施。

二、本会系各会员自愿参加组成，秉公办理管理公务，收会次序由各会员自行决定后不得反悔，必须自觉按时将会费交理事。如逾期一天罚款 50 元，以此类推。

三、以上各条例会员共同制订，人人必须严格遵守，各会员的家属和继承人负共同责任。

附表 3—2　　　　　　　互助会员出资和收入金额

年	月	次序	姓名	金额（元）	收金额（元）	年	月	次序	姓名	金额（元）	收金额（元）
2006	4	1	A	1770	40015	2007	4	14	N	1680	40105

续表

年	月	次序	姓名	金额（元）	收金额（元）	年	月	次序	姓名	金额（元）	收金额（元）
	5	2	B	1765	40020		5	15	O	1670	40115
	6	3	C	1760	40025		6	16	P	1660	40125
	7	4	D	1755	40030		7	17	Q	1650	40135
闰	7	5	E	1750	40035		8	18	R	1635	40150
	8	6	F	1745	40040		9	19	S	1620	40165
	9	7	G	1740	40045		10	20	T	1605	40180
	10	8	H	1735	40050		11	21	U	1585	40200
	11	9	I1	865	40055		12	22	V	1565	40220
			I2	865							
	12	10	G	1720	40065	2008	1	23	W	1540	40245
2007	1	11	K	1710	40075		2	24	X	1515	40270
	2	12	L	1700	40085		3	25	Y1	745	40295
	3	13	M	1690	40095				Y2	745	

字母代表姓名

说明：1. A 负责金额　11705 元

2. B 负责金额　10040 元

3. B 负责金额　9940 元

4. B 负责金额　5085 元

5. B 负责金额　5035 元

　　每个理事管几个人，理事按熟悉程度和地域来划分。

　　关系好，其他的都是不重要的，不用太看重一个人的能力，本身这就是信任，如果你还要考虑这考虑那，那还说什么关系好呢！

个案 Z—22

访谈地点：温州乐清桥下村

　　该会的具体操作方法与个案 Z—21 一样，差别在于这是一个 5 万元"会"，由 51 个人组成。"会主"与会员的关系都是亲戚朋友。

　　现在应会的金额比较大了，如果这个钱是用来经营的，就相当于你分担着他的一部分风险，所以要关注的，如果是用来解决生活困难，那就不用关注了，关注的太多不太好。

个案 Z—23

访谈地点：温州瓯海区源口村

"会主"：都是女的，一般都是中年人，年轻人也有，但少一些，一般都是有家庭的，没家庭的感觉不安全，对于学历和职业是没有要求的。做生意的多一点，家庭主妇也比较多一些。经济实力一般，家里一般有固定的收入。社会关系要多，经济实力不重要，信用要好。第一次叫成了，以后叫就比较方便了。"会主"要负责收钱，拿钱给别人，制定会单，组织投标。投标的时候一般不会形成团体，再去投标。

每人出 50 元，有 51 人，一个月一回，有几回投几次标。

有一定的风险，这几年风险大一点，以前乐清出现过倒会的事情，对我们也有点影响。

都是一个地方的，"会主"逃掉了，有家产的就拿家产，没有的就算了，也有去法院告的。

"会主"有的是拿钱去其他地方赚（放利息），也有的是为了造房子，缺钱。所以一定要看看资金的用途，如果是用来做生意的，一定要注意生意的前景和他的能力，如果是用来过生活的，用的钱也不多，我们也应该主动地帮助他。

个案 Z—24

访谈地点：温州洞头县东岙村

2006 年成立，55 人，200 元，"会主"要收钱，再给标中的人，没钱就叫会，叫会也是为了还钱。会员都是亲戚、朋友、邻居，大家都是认识的。当"会主"没有风险，都讲信用，如果是不认识的就不会去叫了。会单是由"会主"制定的。"会主"有 3 脚，有的人有 5 脚。会员不出钱，得由"会主"来垫上。其实，叫个会是很快的，没有什么困难，不麻烦，都是同地方的人。在标会的时候，没有出现联盟的现象。"会主"这个人还是很好的，要不然她也搞不成，这么多人啊。这些钱一般是用来做生意的，还是要关注一下他的前景的，虽然钱比较少，但毕竟是自己的啊。

个案 Z—25

访谈地点：温州洞头县东岙村

发起者 40 岁，女，女性居多，商人（个体户），小学，经济实力较好，社会关系好，信用好。发起者跟每个人都认识，但参与者就不一定。由 50 人参加，每次出钱是 100 元，每月 1 次，每次投的金额是不一样的。主要是看关系，关系好了，无论应会是为了什么，别人都会参加，如果关系不好，什么都很难说的。

个案 Z—26

访谈地点：温州洞头县东岙村

标会一般都有五六十人，一个月标一次，时间是固定的，场所一般是在"会主"家里。"会主"与其他人都认识，人缘要比较好，职业不一定，有的是事业单位，有的是公务员，有的是个体户。叫小会的一般是个体户，会员都是亲戚、朋友、邻居。发起的原因一般是"会主"要用钱了。有些是用来解决生活困难的，有些是用来做生意的。但这都不是重点，重点是关系要好，"会主"人要好。

标会的金额是不一定的。有 100 元的，200 元，50 元都有。参加投标的人标的钱也不一样，有标 25 元的，也有 28 元的，不确定，谁要用到钱了，就到"会主"家里参加投标。

"会主"的第一会是不用投的，但每次要出 100 元，一个人有几股就投几次。拿进多少，拿出多少。

如一个 100 元的会

"会主"得会，其他人每人 100 元、

2 个人参加投标 A 25 元　　B 28 元 则 B 得会，"会主"出 100

元，其他人出 72 元。

2 个人参加投标　C 25 元　　D 28 元　则 D 得会，"会主"出 100 元，B 出 100 元，其他人出 72 元。

我参加的"标会"是一个 300 元的，有 51 个会员。

个案 Z—27

访谈地点：温州洞头县东岙村

访谈对象与其他参与者之间基本上不认识，与发起者是认识的，基本上是有往来的。标会有 50 元、100 元、200 元的，一般 100 元，200 元的比较多。

"会主"二十多岁，结婚了，是个体户，"会主"与会员基本都是认识的，"会主"的关系比较多，信用好，经济实力也还可以。不是每个人都可以当"会主"的。"会主"要有很好的人缘，良好的信用，其他的都是其次的，钱是用来干什么的，也可以不管。

这个会有 51 人，1 个月标一次，每次是 100 元。最后投标的利润最多，钱也不急用，"会主"可能参加了好几脚，"会主"决定金额，时间和场所是固定的。会单是"会主"制定的，会员的名单、日期、风险防范都包括在内，还说明不可退出。"会主"负责收钱。第一、第二会如果"会主"要，就主动让给他。

第一会："会主"得会，其他人都是 100 元

第二会："会主"得会，每个人还是 100 元，如果别的人就开始要标。

谁要标会就去"会主"家，只要愿意都是可以去的。标会里投标的人之间不会进行联合。

如果会员退了，"会主"要赔钱的。如果"会主"倒会，就没有办法了，也不会通过法律手段去解决。

个案 Z—28

访谈地点：温州洞头县东岙村

应会不用向别人借钱，可以慢慢还，"会主"人缘要好，发起

者的经济实力很重要的。当"会主"肯定麻烦。

会一般有六七十人,外地人的风险要大些,都是本地的风险小些。大家对"会主"都是比较了解的。当然,也有些是出于面子。其实每个人参加应会一般都是出于相互帮助,只要你不做一些不应该做的事情,一般只要关系比较好,都是会参与的。

会员出不了钱了,"会主"会垫上的。会员也会想别的办法补上,因为一下子都让"会主"补上,还是有点吃力的。如果是倒会,如果是刚开始不久,"会主"把已经收会的钱拿出来还给别人,如果是快结束了,"会主"主要补偿没有标的人,一般倒会是在最后面,标过了就不会了,主要是没有标的人,这几年没怎么倒会了。

参加会也有营利性的,也有互助性的,其实两者都有。

其实有时也有联盟的情况,会有人说先让了。关系比较好的话,可能会先让。

我参加的这个标会人数比较少,只有 41 个人,每次标 300 元,每个月轮一次。

个案 Z—29

访谈地点:温州洞头县东岙村

我参加的"会"是一个 80 人的"标会",每个人出 200 元,每个月一次。其实也就是用点小钱,如果能帮助一下别人就帮助一下。但话说回来,应会总是有风险的,虽然总体上说是很安全的,但是如果别人是做生意的,我们就应该想想我们的风险有多大,主要是看他做什么生意,他的能力如何,如果别人是用来解决生活困难的,那关系比较好的话,就应该帮助他。

个案 Z—30

访谈地点:温州洞头县东岙村

我本身不愿意参加的,但推不掉,也要考虑应会的钱是否出得了。很多人多是碍于面子的。大会到了,没钱就去标个小会,补充大会。"会主"是否讲信用是重要因素，没有考虑过当"会主"，除非有急用。当"会主"挺累的。我妈妈当过，但有人倒了，妈妈得垫上，很多的。如果一个人连着标，就有可能会倒会。几年前倒会很多的。但总体上说，还是信用好的多一点。倒会都是没办法了，经济上周转不过来。当然，也有人纯粹是为了骗钱的。所以，我们是要搞清楚"会主"应会是为了什么，如果是做生意，就应该看看他是做什么生意。如果是用于生活，我们就应该更加热情点。

年轻人也会应很多会，这样可以省钱。很多人买房子都是靠会的。我应的这个"会"是个"标会"，由 63 个人组成，每两个月标一次，第一次是出 500 元。

个案 Z—31

访谈地点：温州洞头县东岙村

我参加的这个标会由 61 个人组成，每个人每个月出 200 元。其实，数额比较小，但是"会主"是我的朋友，不参加不好。我其实不太喜欢参加的，因为应会总是觉得把自己的钱放在别人的手上，如果别人是生活有困难那就算了，如果别人是用来做生意，那就应该看看做什么生意了。做生意也是有风险的，这风险也与我有关。

个案 Z—32

访谈地点：温州洞头县东岙村

这个"会"由 51 个人组成，第一个月每个人出 100 元给"会主"，后来的每次标会。"标会"其实很有意思，也是大家相互帮助的一个途径。我觉得还是应该认真地看看"会主"是将钱用来干什么，如果是用来投资，就应该看看他能投资出些什么。

个案 Z—33

访谈地点：温州洞头县东岙村

这个会由 60 个人参加，参与者的年龄、性别都存在差异，标 300 元的会。"会主"是一个个体户，需要用钱就把大家召集一下。

这个人比较好，人缘也好，信用也比较好。标会其实挺好的，花很少的钱就能将很多人的钱聚集起来，相互帮助挺好。不管那个人是将钱用来干什么，反正就这么一点钱，就不管了，别人总不会为了故意害我们，毕竟大家都认识，没什么好担心的。

个案 Z—34

访谈地点：温州洞头县东岙村

由 55 人组成，每个月为 100 元，是个"标会"，每次标的价格都是不同的。我们这个地方标会很流行，我觉得大家都已经习惯了。也不会多去想别人能不能把钱还回来，因为一般都会没问题的。如果一个人出了问题，那他将来在这里就没有立足之地了，毕竟他的家在这里，所以不用去想他把钱用来干什么了。

个案 Z—35

访谈地点：温州洞头县东岙村

每个月出 200 元，"会主"不用参加投标，得第一会，由 59 个人组成。我觉得标会没有什么风险，所以不用去管别人太多的事情，无论他做什么，他都会还的，这个钱总是要还的。关系到很多人，关系到他自己的名声。

个案 Z—36

访谈地点：温州洞头县东岙村

第一个月每个人给"会主"500 元，由 51 个人组成。往后每两个月标一回。经营能力什么的都不重要，重要的是跟他的关系好不好，他这个人怎样，大家都很熟悉，如果关系不好，或他人不好，就不参加，别人也不会强求你。

个案 Z—37

访谈地点：温州洞头县东岙村

这个"标会"由 47 个人组成，一般"标会"的人都是比较多的，每个人第一个月给"会主"200元。一般不会出现倒会这种事情的，最重要的是每个人都是一个地方的。没有什么风险存在，如果你不信任他，就不会参加了。这个会在一定的程度上还是满足了我的资金需求的，获利倒很少，但可以说间接地帮我省钱，这也是不错的。如果以后还有机会，我一定还会参加这样的"会"的，帮助朋友也是好事情。

个案 Z—38

访谈地点：温州洞头县东岙村

由56个人参加，每个人第一个月给"会主"80元，"会主"是不用参加投标的，但"会主"每次出的钱都是80元。如果一个人的能力很强了，他也就不用找你应会了。发起人都是比较困难的。但一般不会有什么风险，大家都讲信用的。其实，真正从中获利的并不多，一个月也就几十块，主要还是帮助了朋友。

附表 3—3　　　　16 个标会"标息"的统计表（n）

个案编号	标金为固定金额的百分比			
	10% 以下	10%—20%	20%—30%	30%—40%
H—23	2	18	25	4
H—24	5	18	27	3
H—25	3	17	25	3
H—26	2	18	26	3
H—27	2	19	25	3
H—28	1	14	22	2
H—29	17	22	33	6
H—30	12	19	26	4
H—31	12	19	24	4
H—32	6	17	23	3
H—33	9	20	25	4
H—34	8	19	23	3

续表

个案编号	标金为固定金额的百分比			
	10% 以下	10%—20%	20%—30%	30%—40%
H—35	11	18	24	4
H—36	7	16	23	3
H—37	7	15	20	3
H—38	12	16	22	4

后　记

　　本书是万江红教授主持的国家社会科学基金项目（05BSH031）"农村民间金融组织的社会学研究"的重要成果，同时获得了教育部新世纪优秀人才支持计划"新农村建设背景下农民合作经济组织发展路径研究"（NCET‐11‐0648）的支持。具体分工而言，万江红负责全书的统稿工作并撰写第一章、第四章和第五章，张翠娥协助万江红对全书进行了修订统稿工作，并负责撰写第二章和第三章的第三、四节，陈炉丹负责撰写第三章第一、二节并负责了对书稿的校对工作。此外，课题组其他主要成员钟涨宝教授、龚继红副教授、狄金华博士、种道平老师、徐小霞老师以及王时珍、王晓峰、朱良瑛、闵莎等研究生同学，都为本书的写作作出了贡献，在此一并致谢。限于作者水平与经验不足，欠缺不当之处在所难免，恳请读者不吝批评并赐教。

笔者

2012 年 8 月